두바이처럼 생각하라

W미디어

Copyright ⓒ 2006, 최홍섭·이수겸

이 책은 W미디어가 발행한 것으로
본사의 허락없이 이 책의 일부 혹은
전체를 복사하거나 전재하는 행위를 금합니다.

원작자의 말...

어린이 여러분, 저 멀리 중동 지방에 있는 두바이란 나라에 대해 들어보셨나요? 지금 전 세계 모든 국가들 중에서 두바이만큼 온갖 상상력과 아이디어가 살아 숨 쉬는 나라가 없답니다.

두바이는 원래 뜨거운 사막 위에 세워진 나라여서 별로 볼 것이 없고, 나라도 가난했습니다. 그저 낙타만 왔다 갔다 하고, 사우디아라비아에 있는 메카로 성지순례 가는 이슬람 신도들이 잠시 묵고 지나가는 장소에 그쳤지요. 중동에 있으면서도 석유라고는 별로 없었습니다.

하지만 셰이크 모하메드라는 뛰어난 국가 지도자가 등장하여 불과 10여 년 만에 세계에서 가장 화려한 국가로 변했습니다.

두바이를 가본 어린이는 알겠지만, 높이가 700미터가 넘는 세계 최고층 빌딩이 세워지고 있고, 여의도만한 크기의 인공 섬이 4개나 만들어져 2006년 11월 말에는 실제로 사람들이 입주를 했습니다. 사막 날씨이지만 우리나라 용평스키장과 똑같은 기분을 만끽할 수 있는 실내 스키장이 인기를 모으고 있습니다.

세계에서 가장 멋있고 호화스럽다는 버즈 알 아랍 호텔도 역시 두바이에 있습니다. 어린이 여러분이 좋아하는 꿈의 놀이동산인 두바이랜드도 지금 한창 공사가 진행 중입니다. 이곳은 미국에 있는 디즈니랜드보다도 8배가 더 크다고 하니 그 규모에 입이 쫙 벌어질 정도입니다. 지금 두바이는 뉴욕이나 홍콩보다도 더욱 화려한 장소로 변하고 있습니다.

여러분, 두바이가 이렇게 바뀐 비결은 무엇일까요? 그것은 바로 셰이크 모하메드라는 국가 지도자가 창의력과 상상력을 최대한 발휘했기 때문입니다.

셰이크 모하메드는 다른 사람들이 불가능하다고 하는 목표를 놓고서 고민을 했습니다. 왜 두바이는 더 이상 희망이 없다고 포기할까? 왜 잘사는 일이 불가능하다고 얘기할까? 과연 가능하도록 만들 수는 없을까? 수십 번, 수백 번 "왜?" 라는 질문을 던져가면서 불가능을 가능으로 만든 것입니다. 다른 나라의 똑똑한 사람들에게 도움말도 많이 구했습니다. 그는 이렇게 가슴 속에 담겨 있는 거대한 꿈을 구체적인 현실로 만드는데 성공했습니다.

창의력과 상상력은 앞으로 어린이 여러분이 반드시 가져야 할 자질입니다. 이제 어린이 여러분은 전 세계 다른 나라들의 인재들과 경쟁해야 합니다. 예전처럼 남과 똑같은 생각, 마치 복사기로 복사한 듯 다른 사람과 똑같은 아이디어를 내서는 결코 그들을 앞지를 수 없습니다.

어린이 여러분이 이 책을 읽으면서 두바이란 나라가 어떻게 창의력을 발휘하여 보잘 것 없는 나라에서 세계가 주목하는 국가로 발전했는지 느껴보시기 바랍니다.

어린이 여러분 모두에게 하느님의 축복이 가득하시기를 기도하겠습니다.

최홍섭

중동! 우리 친구들은 중동을 얼마나 알고 있나요?

저는 솔직히 중동을 잘 알지도, 알고 싶어 하지도 않았답니다. 황량한 사막에 위치한 나라들이 엄청나게 쏟아지는 석유를 팔아 일부 왕족들만 호화롭게 생활하고, 일반 국민들은 매일매일 전쟁에 시달리는 나라. 하얀 두건을 쓰고 거들먹거리며 돌아다니는 아라비아의 왕자. 그 더운 곳에서 여자들은 검은 천으로 얼굴을 가리고 다녀야 하는 보수적이고 발전하지 못한 나라들….

제가 알고, 생각하던 중동의 모습입니다. 여자들과 어린이들이 살기에는 정말 불편한 곳이라 생각했었죠. 물론 그곳으로 여행을 갈 생각은 꿈에도 해본 적이 없었답니다. 위험하고, 불편하고, 게다가 매력적인 볼거리가 없을 것이 분명하다고 생각했으니까요.

처음 이 책의 원작인 〈두바이, 기적의 리더십〉을 받아들었을 때 역시 그런 선입관에 사로 잡혀 있는 상태였죠. 하지만 책을 읽어가면서 놀라기도 하고, 감탄하기도 하면서 내가 이렇게까지 중동에 대해 모르고 있었다는 사실에 부끄러웠습니다.

중동에는 석유를 팔아 부자가 된 왕족들만 있는 것이 아니었습니다. 사막만 있는 것도 아니었고, 전쟁만 일어나고 있는 것도 아니었습니다.

중동의 작은 나라 두바이에는 꿈이 펼쳐지고, 환상이 현실이 되고 있었습니다. 가난하고 척박한 자연환경의 두바이는 우리가 모르는 사이 세계의 부자들이 가장 좋아하는 관광지가 되어 있었습니다. 아니, 이제 더 이상 가난한 나라가 아니라 세계적인 부자 나라가 되어 있었습니다.

이 책을 읽다 보면 똑 같은 환경에서, 아니 훨씬 불리한 환경의 두바이가 더 많은 석유를 가진 다른 중동의 나라들보다 앞서 나가는 것을 보게 됩니다. 그들보다 훨씬 부유하게 사는 두바이 사람들을 만나게 됩니다.

두바이 사람들을 이렇게 부자로 만들어준 것은 무엇일까요? 황량한 사막 두바이를 세계적인 관광도시로 만들어낸 것은 어떤 힘이었을까요?

많은 석유를 가지고도 두바이의 발전을 따라가지 못하는 다른 중동의 나라들. 그 나라들과 앞서 나가고 있는 두바이의 차이점은 바로 '지도자의 창의적인 리더십' 때문입니다.

두바이에는 셰이크 모하메드 지도자가 있습니다. 그 한 사람의 지도자가 이루어낸 기적이 바로 오늘날 부자 나라 두바이를 만들었답니다.

기적이란, 아무것도 하지 않은 채 그저 기도만 열심히 한 사람에게 하늘에서 내려주는 선물이 아닙니다. 노력하고, 행동하고, 최선을 다한 사람들에게 일어나는 아름다운 결실입니다.

두바이의 지도자 셰이크 모하메드는 나라를 위해 열정적으로 연구하고, 생각하고, 토론했답니다. 그리고 나온 결론을 가지고 한 치의 망설임도 없이 나라를 이끌어 나갔답니다. 그의 리더십을 믿고 따른 두바이 사람들에게 일어난 기적이 바로 부자 나라 두바이인 것입니다.

아마도 이 책을 읽는 어린이들은 간혹 딱딱하고 지루한 부분을 느낄 수도 있을 것입니다. 나름대로 읽기 쉽게 풀어내려 애썼지만, 아무래도 한 나라의 발전하는 모습과 그 지도자의 리더십에 관한 이야기들이라 조금은 어려운 부분들이 있을 것입니다.

하지만 이 책을 읽어가면서 두바이를 알게 되고, 기적의 나라 두바이를 이끈 지도자 셰이크 모하메드를 만나게 될 것입니다. 그 한

가지만으로도 우리는 이 책을 읽는 보람과 즐거움을 찾을 수 있습니다. 바로 우리들 모두의 미래에 소중한 길잡이를 얻게 될 테니 말이죠. 저도 그랬고, 여러분도 그럴 것이라 확신합니다.

두바이와 셰이크 모하메드 지도자를 알게 해주신 원작자 최홍섭 선생님, 그리고 부족한 저를 믿고 격려해주신 W미디어의 박영발 사장님께 감사의 인사를 드립니다.  우리 친구들 역시 좋은 책을 만나게 해주신 두 분께 고마운 마음을 가져 주신다면 두 분과 무엇보다 저에게 더없는 기쁨이 될 것입니다.

그럼, 마지막으로 어린이 친구들이 책을 읽고 한 가지의 깨달음이라도 얻었다면 내년 여름방학에는 스키 두바이에서 만나 신나게 스키를 즐기는 건 어떨까요? 우리 지금 약속할까요?

이수겸

차례

- 원작자의 말 3   - 글쓴이의 말 6

제 1 장
두바이, 그리고 세이크 모하메드

1. 낯선 나라 두바이 14
2. 우리가 알고 있는 두바이 19
3. 우리가 알아야 할 두바이 27
4. 중동의 작은 나라 두바이 30

제 2 장
꿈의 나라 두바이

1. 7개의 별, 버즈 알 아랍 호텔 38
2. 사막에서 만난 눈보라, 스키 두바이 45
3. 꿈의 오아시스, 에미레이트 골프 클럽 51
4. 21세기를 이끄는 힘, 시티 57
5. 상상력과 창의력의 나라 두바이 67

제 3 장
두바이를 일으킨 힘, 셰이크 모하메드

1. 아버지에서 아들로 **74**
2. 준비된 지도자 **82**
3. 셰이크 모하메드의 리더십에서 배운다 **87**
4. 셰이크 모하메드의 협력자들 **103**

제 4 장
끝나지 않은 꿈, 두바이

1. 바벨탑을 꿈꾸다, 버즈 두바이 **110**
2. 걸프 만의 야자수 섬, 팜 아일랜드 **115**
3. 또 하나의 세계, 더 월드 **122**
4. 상상할 수 있는 보는 슬거움, 두바이랜드 **125**
5. 한 가지 풍경으로는 지루하다, 회전주택 **130**
6. 물의 도시, 하이드로폴리스 **133**
7. 잠들지 않는 나라 두바이 **137**

제 5 장
세계의 모든 길은 두바이로 통한다

1. 부자들이 모여야 부자나라를 만든다.
   두바이의 부자 마케팅 **148**
2. 세계 최고의 홍보 집단, 두바이의 홍보 전략 **154**
3. 두바이에서 사지 못할 물건이 없다.
   두바이의 물류 전략 **159**
4. 바다, 육지, 그리고 하늘까지. 두바이의 허브 전략 **164**

제 6 장
두바이, 그 꿈의 미래

1. 꿈을 막아선 현실들 **174**
2. 꿈은 꺾이지 않는다. 셰이크 모하메드 **187**

제 7 장
우리나라와 두바이가 함께 가야 할 길

1. 우리가 배워야 할 두바이의 성공 전략 **194**
2. 두바이를 누비는 자랑스런 한국 기업들 **208**
3. 셰이크 모하메드에게
   배우는 창의적인 리더십 10계명 **215**

두바이처럼 생각하라

두바이,
그리고 셰이크 모하메드

제 1 장

1 낯선 나라 두바이

"두바이는 '세계의 도시'에 만족하지 않고, 두바이가 '세계 그 자체'라는 말을 듣도록 하겠다!'

이런 말을 거침없이 한 사람은 누구일까? 이렇게 엄청난 말을 한 사람이라면 대단히 잘난 사람이든가, 아니면 허풍쟁이가 분명할 것이다.

간결하지만 단호하고, 자신의 의지가 뚜렷하게 표현된 이 말은 두바이의 지도자 셰이크 모하메드가 한 말이다. 세계 최강국이라 해도 하기 힘든 말을 그렇게 작은 나라의 지도자가 했다는 것이 놀랍기만 하다.

하지만 더 놀라운 사실은 허풍처럼 들리는 이 말을 비웃는 사람이 아무도 없다는 것이다. 아니, 세계의 부자들이 셰이크 모하메드의 말을 믿고 엄청난 돈을 싸들고 두바이로 몰려 들고 있다.

그런데, 두바이가 어디지?

우리는 두바이란 곳에 대해 잘 알지 못하지만 가끔 뉴스에서 '두바이 유' 란 석유 이름은 들었던 것 같기도 하다. 아무리 고개를 갸웃거려 봐도 알 수 없는 나라 두바이!

그렇다. 두바이는 나라 이름이다. 하루가 멀다 하고 전쟁이 터져 불안한 중동 지역, 아라비아 반도의 배꼽쯤에 위치한 나라이다. 하지만 아주 작은 나라여서 하나의 나라로 세계에 나서지 못하고, 작은 7개의 나라가 모여 만든 '아랍에미리트 연합국' 의 작은 구성국에 포함된 나라. 두바이는 바로 그런 나라이다.

그런데 어찌된 영문인가? 우리가 모르는 사이에 세계 강대국의 대열이 바뀌기라도 한 걸까? 두바이가 어떤 나라이기에 지도자의 자신감이 이렇게 넘치는 것일까?

자신감이란 강한 힘에서 나온다. 나라 간의 강한 힘이란 선생 무기만 가지고 결정되는 것은 아니다. 만약 그렇다면 무기가 많은 북한이 남한보다 더 잘 사는 나라일 테지만, 남한이 더 잘 사는 나라인 것

은 세계가 다 아는 사실이다. 북한보다 남한이 더 강한 나라가 될 수 있는 것은 우리가 더 부자이기 때문이다.

돈은 무기보다 더 강한 힘을 발휘한다. 무기도 돈이 있어야 살 수 있기 때문이다. 부자 나라의 국민들은 세계 어디를 가더라도 대접을 받고, 행동에 자신감이 넘친다.

두바이의 지도자가 자신감에 넘치는 것은 바로 나라가 부자이기 때문이다. 가난한 아프리카의 어느 나라 지도자가 셰이크 모하메드와 똑같은 말을 했다고 생각해 보자. 아마 세계인이 웃음을 참지 못할 것이다. 아니 어쩌면 아무도 관심이 없어서 웃어주는 사람도 없을지 모른다.

자신감을 가진 사람은 힘 있는 사람이다. 자신감을 갖기 위해서는 힘을 길러야 한다. 셰이크 모하메드는 두바이를 힘 있는 나라로 만든 지도자이다. 힘 있는 부자 나라의 지도자이기 때문에 그의 말에 세계가 관심을 집중하는 것이다.

그렇다면, 작은 나라 두바이는 얼마나 부자 나라일까? 그리고 무엇으로 부자가 되었을까? 우리는 이제부터 중동의 부자 나라 두바이에 대해 알아볼 것이다.

앞으로 부자가 되고 싶지 않은 어린이가 있을까? 부모님이 너무 부

셰이크 자예드 도로 주변의 밤과 낮 모습

자여서 더 이상 부자가 되고 싶지 않다면 이 책을 읽지 않아도 된다. 하지만 커서 내 힘으로 부자가 될 생각을 가진 어린이라면 집중해서 읽어보자.

두바이라는 부자 나라가 어떻게 만들어졌는지, 그리고 부자가 되기 위해서는 어떤 마음가짐을 가져야 하는지 배울 수 있을 것이다. 부자가 되기 위해서는 부자들의 생각과 행동을 보고 배우는 것이 가장 좋은 방법이기 때문이다.

2 우리가 알고 있는 두바이

최근 TV에서 두바이에 관한 프로그램들이 자주 방영되고 있다. 아직까지는 낯설지만 점차 우리에게도 두바이란 이름이 가까워지고 있었다. 하지만 곰곰이 생각해보면 훨씬 오래 전부터 우리는 두바이란 이름을 알고 있었다.

우리에게 익숙했던 두바이. 그것은 바로 '두바이 유'란 석유 이름이다. 기름 값이 오를 때마다 뉴스에 등장하는 두바이 유(油). 뉴스를 잘 보지 않는 친구들이라도 두바이 유는 들어봤을 것이다.

우리나라는 석유를 100% 수입해서 사용하고 있다. 현대사회에서 석유는 단 한 순간도 없어서는 안 될 귀중한 에너지이다. 그렇기 때

두바이는 국토의 90%가 사막지역이다

문에 기름 한 방울 나지 않는 우리나라는 수입하는 석유 값이 오를 때마다 경제가 들썩이고, 부모님들의 한숨이 깊어질 수밖에 없다. 우리나라의 경제가 좋아지기도 하고 갑자기 나빠지기도 할 만큼 큰 영향을 주는 석유. 그렇게 우리나라를 뒤흔들 수 있는 석유 수입 가운데 대부분을 차지하는 것이 바로 '두바이 유'이다.

'아~ 그렇다면 두바이는 석유가 펑펑 쏟아져서, 그 석유를 팔아

황량한 사막을 녹색의 골프장으로 바꾸었다

부자가 된 나라인가 보다'라고 생각하기 쉽다. 하지만 그것은 정답이 아니다. 두바이에서도 석유가 나오기는 하지만, 그 양은 매우 적다.

두바이가 하루 종일 퍼내는 석유의 양이 15만 배럴이라는데, 우리나라에서 하루에 쓰는 양만해도 230만 배럴이니, 우리나라 하루 소비량의 6% 밖에 되지 않는다. 두바이가 '나 오늘 석유 안 캘래'라고 퉁겨도 우리나라 자동차 10대 중 한 대도 멈추게 하기 힘들 만큼 적은 양이다. 그 정도의 양이라면 석유를 팔아 세계의 부자가 되긴 힘들 것 같다.

그렇다면 그 많은 나머지 석유들은 뭘까? 바로 중동 지역에서 생산하는 모든 석유를 통틀어 '두바이 유'라고 부른다. 즉, 사우디아라비아에서 나온 석유도, 이라크에서 나온 석유도 모두 '두바이 유'이다.

왜냐고? 하하, 대답은 아주 간단하다. 중동에서 생산된 석유들을 모두 두바이에서 팔고 있기 때문에 그렇게 이름이 붙은 것이다.

우리가 물건을 살 때, 공장에 직접 찾아가서 사지 않는다. 대신 우리는 백화점이나 슈퍼, 또는 대형 마트에 간다. 우리들 주변에는 교통이 편리하고 이용하기 쉬운 대형 상점들이 많다.

우리는 주말에 부모님과 함께 백화점이나 마트에 자주 장을 보러 간다. 그곳에 가면 많은 물건들이 고르기 쉽게 진열되어 있고, 가격도 싸고 친절하게 안내해주는 분들도 계신다.

교통이 편리하면서 물건을 쉽게 살 수 있는 곳을 두고 일일이 공장을 찾아다닐 사람은 없다. 우리는 한 곳에서 잘 정돈된 물건들을 보고, 마음에 드는 걸 살 수 있다. 그때 우리는 'A공장에서 나온 물건을 샀다'라고 하지 않고 'B마트에서 샀다'라고 말한다. 학용품을 만든

회사보다 그 학용품을 산 상점 이름을 기억하는 것이다.

마찬가지로 두바이는 중동 지역 여러 나라에서 생산하는 모든 석유를 진열해 놓고 파는, 말하자면 거대한 대형 마트인 셈이다. 그렇기 때문에 석유를 생산한 나라 이름보다는 그 석유를 파는 마트인 '두바이'가 석유의 이름이 되었다.

두바이는 세계의 정유사들이 석유를 사고팔기에 아주 좋은 환경이다. 돈거래가 쉽고, 물건이 많고, 훌륭한 시설의 항구가 있다. 아무리 많은 양의 석유를 사더라도 불편함 없이 배에 실을 수 있다.

B마트보다 C마트가 교통이 편리하고 더욱 친절하다면 우리는 B마트보다 C마트에 간다. 친척이 운영하는 마트가 아니라면 뭣 하러 힘들게 교통이 불편한 곳으로 가겠는가?

사람들이 많이 찾아오면 그만큼 많은 돈을 쓰고 간다. C마트는 좋은 시설로 많은 돈을 벌게 되고, 덩달아 유명해지기까지 한다. 두바이가 바로 C마트인 셈이다. 정작 석유는 얼마 나오지 않으면서 돈도 벌고, 게다가 자신의 이름까지 널리 알리는 효과를 얻고 있다. '두바이'란 나라는 몰라도 '두바이 유'는 대부분의 사람들이 알고 있는 것이 바로 그 증거다.

두바이가 우리에게 익숙한 두 번째 이유는 바로 두바이의 명소 '버즈 알 아랍' 호텔 때문이다.

버즈 알 아랍 호텔

우리는 TV나 잡지, 영화 등을 보면서 자연스럽게 세계 여러 나라의 풍물들에 익숙해져 있다. 아름다운 자연경관이나 유명한 빌딩들 가운데 너무 자주 봐서 금방 알 수 있는 곳도 있고, 낯설지만 너무 아름다워서 꼭 알고 싶은 곳도 있다.

최근 우리나라 광고와 여행 잡지 등에 자주 등장하는 아름다운 건물이 하나 있다. 바다 한가운데 떠 있는 새하얀 돛단배 모양의 호텔. 이것이 바로 유명한 버즈 알 아랍 호텔이다.

바다 한가운데 우뚝 서 있어 마치 진짜 돛단배가 바다에 둥둥 떠 있는 듯 착각하기도 한다. 태양 아래 눈부시게 새하얀 이 호텔은 밤에는 조명을 받아 무지갯빛으로 빛나 더욱 아름답다.

이렇게 아름다운 모습을 사람들이 그냥 둘 리 없다. 관광 잡지 화보에도 등장하고, 영화에도 등장하고, TV 광고에도 등장한다. 우리들도 어느새 그 아름다운 모습에 익숙해지고 있다. 하지만 그 익숙한 사진을 보면서도 우리는 정작 그 호텔 이름이나 호텔이 위치한 나라 이름은 알지 못했다.

우리는 화보나 잡지에서 파리의 에펠탑이나 나이아가라 폭포, 만리장성 등 웅장하고 아름다운 사진들을 보면서 언젠가는 그곳에 한번 가보고 싶다

버즈 알 아랍 호텔

는 생각을 하게 된다. 바로 눈에 보이기 때문에 가보고 싶은 것이다. 아무리 아름답고 웅장한 건축물이 있어도 그것이 그곳에 있다는 사실을 모른다면 누가 찾아가겠는가? 많이 보여주고, 광고가 되어야 사람들이 호기심을 느끼고 가보고 싶어 하게 된다. 누군가 "세계 여행을 한다면 넌 어느 나라에 가보고 싶니?"라고 물었을 때, 우리는 평소에 봐 두었던, 너무 마음에 들었던 바로 "그곳"이라고 대답하게 된다.

1장 두바이, 그리고 셰이크 모하메드 25

그런 의미에서 '버즈 알 아랍'은 '두바이에 가보고 싶다'라는 마음을 먹게 해주는 이정표 기능을 톡톡히 하고 있다. 광고나 화보 속에 아름답게 등장하는 바다 위의 호텔을 보면서 사람들은 '저 곳에서 하룻밤 묵고 싶다'거나 '저 아름다운 호텔을 내 눈으로 직접 보고 싶다'라는 마음과 함께 '이렇게 아름다운 호텔이 있는 나라는 어디일까?'라는 호기심을 갖게 되는 것이다.

이미 세계인들은 버즈 알 아랍 호텔에서 하룻밤을 보내기 위해 두바이로 몰려가고 있다. 버즈 알 아랍 호텔이 세계적으로 유명해지고, 많은 관광객을 끌어 모으고 있는 데도 우리는 그저 사진 속의 모습으로만 보고 있었다.

두바이가 불과 얼마 전까지 가난한 나라였다는 것도, 그리고 이제 두바이가 세계의 부자 나라 중 하나가 되었다는 것도 몰랐다. 두바이가 엄청나게 빠른 발전을 하고 있는 데도 우리는 두바이라는 나라조차 모르고 있었다.

우리가 알아야 할 두바이

두바이가 처음부터 부자 나라였던 것은 아니다. 불과 얼마 전까지만 해도 너무나 가난해서 먹고 살 걱정을 하던 작고 볼품없는 나라였다. 가난했던 두바이를 세계인들이 주목하는 아름답고 부유한 나라로 만든 것은 지도자의 강한 리더십이었다.

두바이가 부자 나라가 되는 기초를 쌓은 것은 셰이크 라시드 지도자였다. 그 기초 위에 현재의 부자 나라로 끌어올린 것은 그의 아들 셰이크 모하메드이다.

셰이크 모하메드가 아버지와 다른 점은 두바이를 단지 '돈'이 많은 나라를 만드는데 주력하는 것이 아니라 뛰어난 창의력으로 세계

천지개벽이란 표현처럼 곳곳에 타워크레인이 올라가 있는 두바이의 건설현장

인들이 감탄할 만한 꿈을 만들어낸다는 점이다. 그 꿈의 작품들로 두바이를 더욱 아름답고 주목할 만한 나라로 만들고 있다.

두바이는 지금 이 순간에도 셰이크 모하메드의 지휘 아래 하루가 다르게 눈부신 성장을 하고 있다. 그는 꿈의 나라 두바이를 창조한 인물이며, 세계 속의 두바이를 만들어낸 위대한 지도자이다.

이제 우리는 가난하고 작은 두바이가 어떻게, 그리고 얼마나 빨리 부자 나라가 되었는지 알아볼 것이다. 척박한 사막의 나라에 펼쳐진 꿈의 현실들은 어떤 것들이 있는지, 한 사람의 상상력이 얼마나 큰

두바이는 크릭(물길)을 중심으로 발달했다

힘을 발휘하는지를 말이다. 그리고 그 모든 것을 이루어 내는데 있어 한 치의 망설임도 없는 셰이크 모하메드는 어떤 지도자인지, 어떻게 세계 무역의 중심지가 되었으며, 어떻게 세계 부자들이 몰려드는 나라가 되었는지 알아볼 것이다.

두바이를 배우고, 셰이크 모하메드의 리더십을 배우는 것은 좀 더 나은 내일의 나를 만나는데 큰 도움이 될 것이라 확신한다. 그것이 바로 우리가 두바이를 주목하고, 셰이크 모하메드의 창의력과 그것을 현실로 이끌어 내는 강한 리더십을 배워야 할 이유이다.

4 중동의 작은 나라 두바이

두바이는 아라비아 반도 동쪽 끝부분에 자리 잡은 UAE(아랍에미리트 연합국) 7개의 작은 토후국 중 하나이다. 토후국이란 중동이나 인도 등에서 영국의 지배를 받았던 작은 나라들을 일컫는 말이다. 말 그대로 영국의 식민지였다는 뜻이다.

그런 식민지였던 작은 나라들이 막상 독립을 하게 되자 너무나 막막했었던 모양이다. 왜냐하면 모두들 너무나 작고 가난했기 때문이다. 독립은 하고 싶지만 혼자 살기는 무서운, 그런 느낌이었을 게 분명하다.

그래서 옹기종기 모여 있던 7개의 나라는 서로 의지하고 협력하며

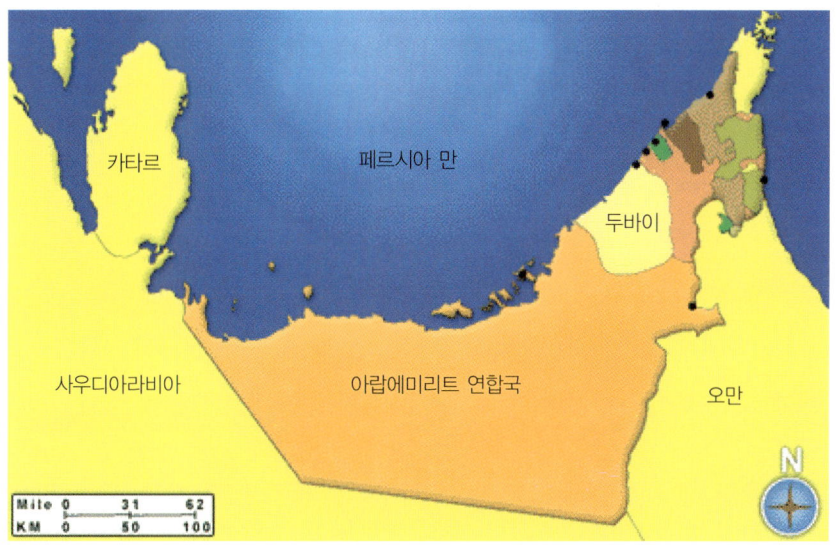

살기로 한다. 그렇게 탄생한 것이 아랍에미리트 연합국(UAE)이다. 나라마다 왕과 지도자가 있고, 법률이 다른 분명히 독립된 나라들이다. 하지만 외국과 상대할 때는 똘똘 뭉쳐 한 나라가 된다.

이 연합의 구성국들은 서쪽부터 차례로 아부다비, 두바이, 샤르자, 아지만, 움알카이와인, 라스알카이마, 푸자이라. 이렇게 7개국이다. 이름만 들어서는 도저히 나라 이름이기나 한 건지 의아할 만큼 낯선 나라들이다.

그만큼 그 하나의 나라들이 따로 놀 때는 작고 힘이 없었다는 증거이다. 작고 힘이 없는 나라는 누구도 관심을 가지지 않는 법이다.

두바이는 이렇게 '연합국'의 일부분인 작은 나라이다. 얼마나 작은가 하면 전 국토가 우리나라 제주도의 2배가 약간 넘는다고 한다. 그런데 국토가 작기만 한 것이 아니라 환경 또한 몹시 나쁘다. 그 좁은 땅의 90%가 사막으로 이루어져 있다. 그러니 두바이 국민들 대부분은 10% 남짓한 해안가에 몰려 살 수 밖에 없는 형편이다.

사막지대는 비가 거의 오지 않는 사막성 기후로 여름에는 최고 기온이 53℃까지 올라가는 데다가 해안가도 고온 건조한 열대성 기후이다. 날씨만 보면 정말 살고 싶지 않은 최악의 나라인 셈이다.

두바이가 외부세계에 최초로 알려진 것은 1580년 마르코 폴로가 이 지역을 '진주조개잡이로 크게 번성한 지역'이라고 소개하면서부터라고 한다. 진주조개잡이는 옛날 두바이 사람들의 거의 유일한 수입원이라고 할 수 있었다.

어촌에 몰려 살던 두바이 사람들은 바다 속에서 아름다운 진주를 캐는 것이 희망이었다. 그 진주를 인도에 팔아 살아온 것이다. 하지만 그것만으로는 부자가 될 수 없었다.

설상가상으로 17세기 초, 포르투갈 상인이 무기를 앞세워 쳐들어오더니 이어 프랑스, 네덜란드, 영국이 차례로 점령해 지배했다. 한 나라도 아니고 돌아가며 여러 나라의 식민지가 된 것이다.

가난한 두바이 사람들은 더더욱 힘이 들었을 게 분명하다. 그런 두바이 사람들에게 희망이라곤 진주밖에 없었다. 진주를 팔아 곡식을 사고, 옷도 사 입었다. 농사를 지을 수 없는 두바이는 모든 것을 다른 나라에서 살 수 밖에 없는 형편이었기 때문이다.

하지만 두바이 사람들의 유일한 희망인 진주 산업이 치명타를 입는 일이 벌어진다. 바로 일본에서 양식 진주를 개발한 것이다.

사람들이 하나하나 잡아 올리는 천연 진주는 그 숫자가 적을 수밖에 없다. 그렇기 때문에 하나를 팔아도 비싸게 팔 수 있었다.

하지만 일본은 양식으로 많은 진주를 한꺼번에 만들어냈고, 싸게 팔기 시작했다. 일본이 예쁘고 질 좋은 진주를 싸게 파는데 누가 두바이에서 나오는 천연 진주를 비싸게 주고 사려 할까?

두바이의 진주는 이제 더 이상 비싸게 팔리지 않았다. 가난한 두바이 사람들은 더욱 가난해졌다. 돈을 벌기 위해 하나둘 이웃나라로 떠나는 사람들이 늘어났다.

다른 나라가 좋아서 가는 게 아니라 두바이에서는 돈을 벌 수 있는 일이 없기 때문에 떠날 수밖에 없었다. 사막이니 농사를 지을 수 없다. 그렇다고 관광 사업을 할 수도 없었다.

역사적인 유적지나 외국인들이 즐길 만한 관광지라고는 하나도 없었기 때문이다. 앉아서 굶어 죽든지, 다른 나라에 가서 막노동이라도 해서 돈을 벌든지 두바이 사람들은 선택해야 했다.

하늘에서 바라본 골프장

　1966년, 절망에 빠져 있던 두바이 사람들에게 기적처럼 한 줄기 빛이 내려온다. 바로 두바이에서도 석유가 발견된 것이다.
　하지만 기쁨도 잠시일 뿐, 두바이에서 발견된 석유는 너무나 적은 양이었다. 겨우 40억 배럴로, 매년 퍼 올리는 양이 줄어들다가 그나마도 2020년이 되기도 전에 바닥이 말라 버린다고 한다.
　퍼내도 퍼내도 마르지 않는 샘물이 아니라 쓰는 만큼 양이 줄어드는 물탱크인 셈이다. 오늘 배불리 먹고 나면 내일은 길거리에 나앉을

두바이 국제금융센터 모습

지도 모르는 '불안한 횡재' 란 이런 것이 아닐까?

그렇다면 지금, 두바이 사람들은 어떤 모습으로 살고 있을까? 내일은 생각지 않고 오늘만 배부르면 된다는 될 대로 되라는 심정으로 사치스럽게 살고 있을까? 아니면 오늘 한 끼만 먹고, 내일도 한 끼를 먹는다는 생각으로 석유를 아끼고 아껴가며 궁핍하게 살고 있을까?

아니, 이미 말했지만 두바이는 부자 나라다. 두바이 사람들은 아주 부유하게 잘 살고 있다. 미래에 대한 꿈도 아주 크고, 희망이 가득하다.

어떻게 된 일일까? 나라 전체가 로또에 당첨되기라도 한 걸까, 아니면 얼마 없다는 석유를 한꺼번에 팔아 흥청망청 쓰고 있는 것일까?

이제부터 두바이 사람들이 왜 그렇게 부유한지, 두바이의 꿈은 어떤 것인지 그 흥미진진하고 놀라운 이야기를 알아보도록 하자.

두바이처럼 생각하라

꿈의 나라
두바이

제 **2** 장

1 7개의 별, 버즈 알 아랍 호텔

프랑스 하면 제일 먼저 떠오르는 것이 바로 에펠탑이다. 뉴욕 맨해튼은 자유의 여신상이 떠오르고, 중국 하면 만리장성이 떠오른다.

이렇게 세계인들의 관심과 사랑을 받는 관광지들에는 모두 그곳을 상징하는 건축물이 있다. 우리는 그것을 직접 보기 위해 그 나라에 가고 싶어 한다.

그렇다면 우리나라는? 글쎄, 한국을 다녀간 외국인들은 무엇을 가장 감명 깊게 보고, 무엇으로 한국을 떠올릴까? 한번 곰곰이 생각해 보자.

두바이 하면 맨 먼저 떠오르는 것은 무엇일까? 오래된 유적지도 없고, 아름답고 웅장한 자연 경관이 있는 것도 아니다. 그저 중동 지역에서는 너무 흔한, 끝없는 사막이 펼쳐져 있을 뿐이다.

우리는 아직 두바이를 잘 모르니 그곳을 여행하고 돌아온 관광객들에게 물어 보자.

"당신은 두바이에서 무엇을 보고 오셨나요? 무엇이 가장 인상에 남았나요?"

이 물음에 그들은 입을 모아 대답할 것이다.

"버즈 알 아랍!"

그렇다. 두바이에는 버즈 알 아랍이 있다. 바다 한가운데 떠 있는 아름다운 건축물 버즈 알 아랍 호텔!

이것은 두바이의 지도자 셰이크 모하메드의 창의력이 돋보이는 첫 번째 작품이다. 두바이를 세계적인 관광도시로 만들기 위해 치밀하게 계산해서 만들었다고 한다.

이 계획은 아주 성공적이어서, 오늘날 두바이의 상징물이 되었다. 두바이를 모르는 우리들조차 그 모습에 친숙해져 있으니 말이다.

버즈 알 아랍은 두바이 시내에서 남쪽으로 15㎞ 떨어진 주메이라 해변에 위치해 있나. 좀 너 성확히 말하면 해변에서 280m 떨어진 바다 한가운데 인공 섬을 만들고, 그 위에 지어 놓은 호텔이다.

호텔로 가기 위해 요트를 타기도 하지만 보통은 해변에서 호텔까지 아름답게 이어진 다리를 자가용으로 들어간다. 우리가 특별한 사람이라면 헬리콥터를 타고 직접 버즈 알 아랍 호텔의 정상에 내릴 수도 있다. 버즈 알 아랍 꼭대기에 헬리콥터 계류장이 아주 아름답게 만들어져 있으니 말이다.

버즈 알 아랍의 매력은 우선 바다 한가운데 세워졌다는 것이다. 자그마한 인공 섬을 만들고, 돛단배 모양의 호텔을 세워 놓았다. 그래서 언뜻 보면 바다 위에 돛을 펼친 배가 둥둥 떠 있는 것처럼 보인다.

숙박시설인 호텔 건물을 자유롭게 바다 위를 떠다니는 돛단배 모양으로 만들고, 그렇게 보이게까지 만들어낸 상상력과 창의력이 놀라운 뿐이다.

그럼, 이제 아름다운 건축물의 겉모습부터 차근차근 살펴보기로 하자. 우리가 생각했던 것보다 훨씬 높고 큰 이 호텔은 28층, 321m 높이로 파리의 에펠탑보다 높다고 한다.

전체 모양은 앞에서도 말했듯이 돛을 펴고 항해하는 돛단배의 모습이다. 건물 외관 전체에 두 겹의 테플론 코팅이 된 유리섬유 직물의 커튼을 덮어 놓았다. 그것이 건물을 진짜 돛단배의 활짝 편 돛인 양 보이게 하고 있는 것이다.

테플론 코팅은 세계 어디에서도 건물에 시도된 적이 없는 기술이

버즈 알 아랍 호텔로 건너가는 다리

버즈 알 아랍 호텔 천정 모습

라고 한다. 어떤 재질인지는 모르겠지만 건물 외벽에 이런 기술을 쓴 다는 생각 자체만으로도 정말 놀랍다.

그러니 세계 최초가 될 수밖에 없다. 이 테플론 코팅은 낮에는 하 얗게 빛나 눈부시고, 밤에는 무지개 빛을 발하고 있다. 밤마다 마치 꿈을 꾸듯 아름다운 야경을 선보이고 있는 것이다.

버즈 알 아랍은 아랍어로 '아랍의 탑'이란 뜻이다. 이름처럼 아랍 전체의 상징물이 되고도 남을 만큼 아름답게 지어져 있다.

실내로 들어가면 역시 외관만큼이나 화려하고 아름다운 모습으로 꾸며져 있다. 탁 트여 시원스러운 천장과 24K 순금으로 뒤덮인 실내는 호화롭다 못해 사치스럽게까지 느껴진다.

화려한 모습에서 이미 짐작한 친구도 있을 것이다. 이 호텔의 숙박비는 아주 비싸다. 가장 싼 방의 하루 숙박료가 약 130만원이고, 제일 비싼 방은 약 9백30만원이나 한다.

이렇게 비싼 데 누가 여기에서 잠을 잘까? 그건 걱정하지 않아도 된다. 버즈 알 아랍은 항상 손님들로 붐비고, 비수기에도 예약률이 60%를 넘는다고 한다. 세상엔 부자들이 참 많은 모양이다.

버즈 알 아랍이 숙박료 등으로 벌어들이는 돈도 엄청나지만, 이 호텔이 지어진 것은 단순히 호텔 사업으로 돈을 벌겠다는 것이 아니었다. 버즈 알 아랍은 두바이의 상징물로서의 기능이 더욱 중요하다.

세계의 부자들과 유명 스타들은 아름답고 특이한 곳이라면 흥미를 갖고 몰려든다. 그 사람들에게 숙박료가 비싼 것은 상관이 없다. 왜냐하면 부

버즈 알 아랍 호텔 객실의 침대 모습

자이니까. 유명 스타들이 한번 들르면 그들의 많은 팬들이 호기심을 느끼게 된다.

스타와 부자들이 찾는 아름다운 호텔이 '두바이'에 있다는 사실이 알려지며 두바이를 모르던 세계인들이 그 이름을 알게 되는 것이다. 두바이 유와 함께 '두바이'란 이름을 널리 알리는 상징물로서 버즈 알 아랍은 충분히 그 역할을 수행하고 있다.

세계의 호텔들은 보통 별의 숫자로 그 수준을 정하는데, 그 중 가장 시설이 훌륭한 특급호텔에 별 5개를 준다. 하지만 버즈 알 아랍에 한번이라도 묵어갔던 사람들이라면 누구나 한 목소리로 이렇게 말한다.

"버즈 알 아랍은 별 5개로 부족하다. 별 7개는 충분히 줄 수 있다. 버즈 알 아랍은 세계 최고의 호텔이다!"

환상처럼 아름답고, 세계 최고급 수준의 서비스를 자랑하는 버즈 알 아랍 호텔. 비공식적이지만 세계 유일의 별 7개짜리 호텔이 된 버즈 알 아랍은 두바이의 상징으로 바다 한가운데 우뚝 서 있다.

② 사막에서 만난 눈보라, 스키 두바이

　두바이에 다녀온 사람들은 두바이를 말할 때 '꿈이 현실이 된 나라'라고 한다. 뜨거운 열기로 몽롱한 느낌이 드는 드넓은 사막을 '현실'이라고 한다면 '꿈'은 무엇일까? 사막에서 눈보라를 만난다면 그것이 바로 '꿈이 현실이 되었다'라고 말할 수 있지 않을까?

　그렇지만 어떻게 뜨거운 사막에서 눈보라를 만날 수 있을까? 아무리 꿈에는 한계가 없다지만 이건 너무나 말도 안 되는 일이나.

　두바이의 환상을 말할 때 빼놓을 수 없는 것이 바로 세계 최대 쇼핑센터라는 에미레이트 몰이다. 쇼핑센터가 크면 얼마나 크겠어? 라고 생각하는 친구들은 아마 상상력이 부족한 친구일 게다. 아니, 아무리 상상력이 뛰어난 친구라도 에미레이트 몰의 크기는 맞추지 못할지도 모른다. 왜냐하면 그 규모는 우리가 상상할 수 있는 크기보다 훨씬 크고, 엄청나기 때문이다.

그 증거 중의 하나로 쇼핑센터 안에 자리 잡은 스키 두바이를 들 수 있다. 이곳이 사막 속의 눈보라가 현실이 된 바로 그곳이다.

스키 두바이란 말 그대로 스키를 즐기는 실내 스키장이다. 인공 제설기로 만들어낸 눈이 50㎝ 두께로 깔려 있고, 고드름과 얼음 동굴, 살을 에는 듯한 겨울 폭풍도 이 안에 모두 들어 있다고 한다.

실내 스키장이라고 해서 크기를 무시하면 안 된다. 높이 62m, 길이 400m, 면적 3000㎡로 실내 스키장으로는 세계 3위의 규모라고 한다. 총 5개의 슬로프로 이루어져 있고, 가장 긴 슬로프의 길이는 400m에 이른다. 한꺼번에 수용할 수 있는 인원이 1500명이나 된다고 한다. 아마도 서울 근교의 작은 스키장과 맞먹는 크기라고 생각하면 될 것이다. 그런 스키장이 쇼핑센터의 한 쪽에 자리 잡고 있는 것이다.

그렇다면 대체 쇼핑센터는 얼마나 큰 것일까? 직접 보지 않고는 도저히 상상할 수 없는 크기일 것이 분명하다.

실내 스키장인 스키 두바이 모습

　이 스키 두바이 역시 셰이크 모하메드의 작품이다. 연간 관광객 1억 명을 끌어들이겠다는 야심찬 '두바이 드림' 프로젝트 중 하나라고 한다. 스키 두바이는 2005년 10월에 완공되었다. 쇼핑센터 안에는 스키장뿐 아니라 대형 마트와 극장도 있고, 여러 나라의 맛있는 음식을 맛볼 수 있는 레스토랑도 즐비하게 있다. 물론 엄마와 누나들이 환호할 만한 쇼핑거리로 가득한 곳이기도 하다.
　사막 한가운데 쇼핑센터를 지은 것도 놀랍고, 그 안에 스키장을 지은 것은 더욱 놀랍다. 그보다 더 놀라운 것은 사막 한가운데 스키장

스키 두바이의 마스코트인 백곰

을 짓겠다는 '생각' 바로 그 무한한 창의력이다. 그리고 그것을 이루어낸 추진력과 의지도 그저 놀랍기만 하다.

40℃를 넘나드는 뜨거운 사막 한가운데 우뚝 서 있는 스키장이라니! 스키 두바이와 바깥의 온도차는 무려 60℃나 된다고 한다. 천장에서 펑펑 쏟아지는 눈과 살을 에는 듯한 겨울 폭풍을 계속 만들어내려면 실내 온도를 영하 7℃로 유지해야 하기 때문이다.

우리나라에서도 한여름에 시원하게 지내려면 엄청난 전기료를 낼 각오를 하고 에어컨을 종일 틀어대야 한다. 그런데 뜨거운 사막 한가운데서 영하의 기온을 유지하며 인공눈까지 뿌려대려면 얼마나 많은 돈이 필요할까? 두바이에는 겨울도 없으니 일 년 내내 하루도 쉬지 않고 돈을 퍼부어야 한다는 말이다.

그렇다면 스키 두바이도 버즈 알 아랍처럼 부자들만 들어갈 수 있게 이용료가 엄청나게 비싼 건 아닐까? 우리 같은 평범한 사람들은 그저 밖에서 부러운 듯 바라보고만 있어야 하는 게 아닐까?

하하, 걱정하지 마시라. 다행스럽게도 스키 두바이의 이용료는 우리들이 가서 부담 없이 즐길 수 있는 값이다. 2시간 타는데 약 2만8천원 ~ 약 3만7천원 정도이다. 우리나라 스키장 리프트 값과 거의 비슷한 수준이라고 할 수 있다. 스키 장비와 스키복까지 전부 빌려서 리프트권을 끊어도 5만원 정도면 충분하다고 한다. 정말 기분 좋은 정보가 아닌가?

사막 한가운데서 만나는 꿈의 값으로는 오히려 무척 싸게 느껴지기까지 한다. 이런 수준의 이용료를 받아 그 엄청난 냉방비를 감당할 수 있을까? 두바이의 전기세가 엄청 싸다면 모르겠지만, 우리나라를 생각해봤을 때 매일매일 사람들이 꽉 찬다 해도 적자일 것은 분명해 보인다.

그렇다면 그 많은 돈은 어디에서 나오는 걸까? 셰이크 모하메드는 돈을 찍어내는 기계라도 가지고 있는 걸까? 아니면 온 나라의 석유를 몽땅 팔아치운 것일까? 만약 두바이의 석유를 전부 팔아치운 것이라면, 두바이는 스키장 하나 세우고 나라 전체가 망해버렸다는 야유를 받게 되지는 않을까 괜스레 걱정되기까지 한다.

아니, 그것은 우리가 걱정할 문제가 아니다. 두바이 사람들조차 걱정하고 있지 않다. 왜냐하면 셰이크 모하메드의 결정은 아직까지 잘못된 적이 없었기 때문이다.

두바이 사람들은 자신들의 나라에 세워진 사막의 스키장에서 마음껏 한겨울의 낭만을 즐기고 있다. 그리고 사막의 스키장을 보고 자신들보다 더 놀라는 관광객들에게 친절을 베푼다. 그렇게 셰이크 모하메드의 프로젝트에 즐겁게 동참하고 있다.

두바이 사람들은 무엇 때문에 셰이크 모하메드 지도자를 믿고 따르는 것일까? 또 셰이크 모하메드는 그 많은 돈이 어디서 나오는 걸까? 궁금해도 조금만 참자. 뒤에서 차근차근 알아볼 테니까.

꿈의 오아시스, 에미레이트 골프 클럽

그동안 숨 막힐 듯 이글거리는 태양 아래의 사막을 보았고, 살을 에는 듯한 겨울 폭풍 속의 스키장에서 덜덜 떨기도 했다. 이제는 조금 평화롭고 잔잔한 분위기에서 쉬어가야 할 것 같다. 파란 잔디가 펼쳐진다거나, 사락거리는 나무숲의 시원한 바람도 좋다. 하지만 이곳은 사막지대. 그런 곳이 있을 리 없다.

아니, 있다. 생텍쥐페리가 쓴 〈어린왕자〉에는 이런 구절이 있다.

"사막이 아름다운 것은 그 곳 어딘가에 우물을 감추고 있기 때문이다"

사막이란, 우리가 흔히 알고 있는 그대로 메마른 모래와 뜨거운 태양뿐인 죽음의 공간이다. 하지만 사막이 우리에게 신비롭게 느껴지는 이유는 그 가운데 어딘가 녹색의 아름다운 오아시스가 있다는 것을 알기 때문이다.

그 아름다운 오아시스가 두바이의 사막 한가운데 자리 잡고 있다. 직접 눈으로 보기 전에는 믿을 수 없을 만큼 넓고 푸른 잔디의 바다. 바로 '에미레이트 골프 클럽'이다.

1988년 개장한 이 골프장은 중동 지역 최초의 잔디 골프장이라고 한다. 또 한 번 우리는 한계가 없는 셰이크 모하메드의 창의력에 놀라게 된다.

이곳은 미국의 골프 월간지 〈골프다이제스트〉가 선정한 '세계 100대 코스'의 하나에 오른 세계적인 명문 골프장이기도 하다.

골프장이라고 해서 잔디만 깔아 놓은 것이 아니다. 다양한 코스를 만들기 위해 호수와 야자나무 숲까지 꾸며 놓았다. 완벽한 오아시스가 된 것이다.

이 오아시스는 만들기만 하는 데도 어마어마한 돈이 들었다고 한다. 당연한 일이다. 풀 한 포기 살 수 없는 황량한 사막 한가운데 잔디를 깔아 놓는다니! 옮겨 심는 것도 힘든 일이지만 그것을 유지하는 것은 더 힘든 일이다. 타들어가는 햇살 아래 놓인 잔디는 자칫 조금만 소홀해도 말라 죽는다. 엄청난 돈을 들여 심어놓은 푸르른 잔디를 유지하기 위해서는 물이 필요하다.

두바이에 있는 골프장 모습

중동 같은 사막지역에서는 물이 석유보다 귀하고 비싸다. 그런 비싼 물을 아낌없이 퍼부어줘야 잔디를 비롯한 식물들이 살아남을 수 있는 것이다.

셰이크 모하메드는 이 골프장의 관리를 위해 땅 속에다 총 30.5㎞에 달하는 긴 파이프를 묻어놓고, 700개의 스프링클러를 통해 그 비싸다는 물을 하루에 최고 1000만 톤이나 쏟아 붓고 있다. 이 물들이 바로 잔디와 함께 야자나무, 선인장을 비롯한 전 세계에서 들여온 다양한 식물들의 생명을 유지하고 있는 것이다.

매일 매일 잔디를 유지하기 위해서만 뿌려지는 돈도 엄청난 데, 시설도 살펴야 하고, 직원들 월급도 줘야 하니 전체 골프장을 유지하자면 얼마나 많은 돈이 들까? 그야말로 돈 먹는 하마란 바로 이런 것이 아닐까?

이 엄청난 유지비용은 골프를 치는 관광객의 이용료만으로는 절대 감당할 수 없다. 돈을 벌기는커녕 매일 매일 손해를 보고 있는 것이다. 이미 만들어 놓았으니 문을 닫을 수도 없고, 하루라도 물을 주지 않으면 그 많은 잔디는 말라 죽어버릴 것이다. 생각만 해도 한숨이 절로 나온다.

그런데도 셰이크 모하메드는 황당하게도 이런 골프장을 6개나 더 만들었다. 제 정신일까? 두바이 사람들이 그렇게 믿고 있다는 지도자가 매일 매일 손해를 보는 골프장을 계속해서 만들면 어쩌자는 것일까? 단지 창의력만을 믿고 현실을 뒤로 제쳐둔 것이 아닌가? 두바이를 '꿈의 나라'가 아닌 '적자의 나라'로 만들려는 게 아닐까 하는 의심스런 마음까지 든다.

하지만 셰이크 모하메드가 누구인가? 그는 이미 사막 한가운데 아무도 생각지 못했던 스키장과 푸른 잔디 골프장을 만든 사람이다. 골프장의 적자도 우리가 생각지 못한 방법으로 해결했다. 바로 에미레이트 골프장에서 세계적인 골프 대회를 개최한 것이다.

에미레이트 골프장이 문을 연 다음 해인 1989년, 유럽 프로 골프 대회인 '두바이 데저트 클레식'을 개최했다. 그냥 대회만 한 게 아니고, 막대한 돈을 주고 타이거 우즈, 어니 엘스 등 세계 최고의 프로 골프 선수들을 초청해왔다.

톱스타들이 참가한 대회는 유명해진다. 그 톱스타들을 따라 세계의 방송국과 팬들이 몰려드니까 자연스럽게 대회 자체도 유명해지는 것이다.

한번 유명해진 대회에는 다음부터 돈을 주며 톱스타를 불러 오지 않아도 된다. 톱스타늘도 이왕이면 유명하고 사람들이 흥미로워 하는 대회에 나가고 싶어 한다.

이제 두바이의 국제 골프대회에는 세계 톱스타들이 자진해서 출전하게 되었다. 더 많은 방송국이 중계를 하려고 몰려오고, 더 많은 관광객들이 톱스타들의 멋진 경기를 보기 위해 대회 기간 동안 두바이를 방문하고 있다.

셰이크 모하메드의 계산대로 이제 에미레이트 골프 클럽은 골프 대회를 통해 벌어들인 돈으로 골프장 유지비용과 그동안의 적자까지 다 해결해버렸다고 한다. 셰이크 모하메드의 앞서나가는 창의력에 다시 한 번 놀랄 뿐이다.

사막 한가운데 있는 푸른 잔디에서 골프를 즐긴다는 그 한 가지만으로도 세계인들을 끌어들이기에 충분한 매력이 있다. 그것을 증명하듯 두바이에 있는 7개의 골프장은 언제나 골프를 즐기는 사람들로 가득 차 있다. 겨울 성수기에는 예약하기 힘들 정도로 유럽 각지에서 골프 관광을 하려는 사람들이 줄을 잇고 있다고 한다.

이제 골프장이 손해를 보는 애물단지가 아니라 돈을 벌어주는 효자 관광 상품이라고 해도 좋겠다. 사막의 아름다운 오아시스에 전 세계의 부자들이 몰려들어 골프를 치면서 아낌없이 돈을 쓰고 있다.

4 21세기를 이끄는 힘, 시티

셰이크 모하메드는 미래지향적인 지도자이다. 그는 두바이의 미래를 위해 단지 관광지 개발에만 전력 질주하지 않는다. 창의력이란 단지 즐거움만을 상상하는 능력이 아니다.

새로운 발상과 새로운 미래를 만들어가는 힘이다. 그는 두바이가 세계 관광의 중심지와 더불어 세계 정보의 중심지가 되기를 희망하고 있다.

그래서 추진되고 있는 것이 바로 '두바이 테크놀러지 미디어 프리존(Dubai Technology and Media Free Zone)'이라는 길고 어려운 이름의 사업이다. 이 사업은 지식 경제 시대에 앞서가기 위해 만들어진

멀리서 보이는 인터넷 시티

사업이다. 이 자유지역의 핵심이 되는 것은 인터넷 시티, 미디어 시티, 지식 마을이다.

 그 중에 가장 먼저 문을 연 인터넷 시티는 컴퓨터 사업과 정보통신 기술 산업의 중심지가 되겠다는 목표로 2000년에 개장했다. 여기에는 우리들도 잘 알고 있는 유명한 기업들인 마이크로소프트, 오라클, 컴팩, HP, IBM 등 세계적인 컴퓨터 관련 기업들이 들어와 있다.

 이 유명한 기업들 외에도 세계에서 몰려든 700여 개가 넘는 회사가 있고, 그 회사들에서 일하는 사람들이 6,000명을 넘어섰다고 한다. 이미 크기만으로도 세계 인터넷 중심지가 될 만하다.

특히 인터넷 시티는 컴퓨터와 인터넷 강국이라는 인도가 가까이 있는 것이 큰 힘이 되고 있다. 인터넷 기술로 앞서가는 인도에서 필요한 사람을 그때 그때 데려다 쓸 수 있다는 점, 그리고 가장 최근에 개발된 새로운 기술 정보를 빠르게 입수할 수 있기 때문이다. 그야말로 인터넷 중심지라고 불리는 데 손색이 없다.

2001년 문을 연 미디어 시티가 세계 미디어 기업에게 강조하는 것은 바로 '창조하는 자유'이다. 두바이를 포함해 중동 국가들은 엄격한 종교적인 제약이 있어 여성들은 아직도 챠도르라는 베일로 얼굴을 가리고 다니고 있다.

7살이 넘으면 무조건 얼굴을 가려야 한다. 도저히 이해할 수 없고 답답한 전통이다. 게다가 돼지고기와 술은 절대 먹어서는 안 될 음식이다. 종교적인 문제로 엄격하게 금지되고 있다.

인도의 거리에 소가 돌아다니고, 차가 막혀도 소를 몰아내지 못한다는 이야기를 들은 적이 있다. 인도 역시 종교적인 이유로 나라 전체가 소를 보호하고 있기 때문이다. 중동 국가들 역시 그런 이유로 금지하는 것이 많다.

이런 점만 보면 중동 사회는 아직도 우리나라의 조선시대와 비슷한 분위기인 것 같다. 이런 보수적인 분위기와 새로이 일으키는 최첨단의 영상 사업은 어쩐지 어울리지 않는다.

그렇기 때문에 세계가 아무리 발전하고 개방적이 되었다고 해도 중동에 들어가서 일을 하는 사람들은 보수적인 분위기에 기가 죽을 수 있다.

그런 위축된 분위기는 누구보다 앞선 창의력을 발휘해야 하는 미디어, 즉 영상 산업 종사자들에게는 좋지 않은 영향을 줄 것이 분명하다.

그런 불상사를 방지하기 위해 두바이 정부 스스로 활짝 열린 자유를 주겠다는 의미가 바로 '창조하는 자유'이다. 같은 두바이의 하늘 아래에 있어도 미디어 시티 내에서는 '이슬람 종교의 두바이'가 아니라 종교와 국적을 상관하지 않는 '창조적인 나라 두바이'가 된다.

그렇기 때문에 현재 이곳에는 BBC, CNN, CNBC, TIME 등 세계 850개의 방송국과 영상 관련 기업들이 들어와 일을 하고 있다. 이 기업들에는 5,000여 명이나 되는 직원들이 모여 더없이 자유롭게 개개인의 창의력을 펼치고 있다.

지식 마을은 인터넷 시티와 미디어 시티에 입주한 기업에 일할 사람들을 공급하기 위해 만들어졌다. 한마디로 고급 인력을 교육하는

두바이 주요 개발도시와 참여기업 현황

두바이 미디어 시티 (Dubai Media City)

BBC	맥그로힐
CNBC	로이터
CNN	소니
EMI	타임
MBC	

두바이 인터넷 시티 (Dubai Internet City)

아라비아닷컴	휴렛팩커드
캐논	마스터카드
컴팩	마이크로소프트
IBM	오라클

두바이 공항 자유지역 (Dubai Airport Free Zone)

뱅앤올룹슨	DHL
보잉	LVMH
카시오	마쓰시다
샤넬	롤스로이스
델	

제벨알리 자유지역 (Jeble Ali Free Zone)

에이서	노키아
다임러크라이슬러	필립스
존슨앤존슨	도시바
네슬레	삼성
닛산	제록스

대학 밀집 지역이다.

　인터넷 시티와 미디어 시티가 발전할수록 일을 할 사람이 점점 더 많이 필요해진다. 그런데 사람이 필요할 때마다 세계 여러 나라에서 사람을 뽑아 와야 한다면, 많은 시간과 돈이 들게 된다. 그 시간과 비용을 줄이기 위해 바로 옆에서 젊은이들을 전문적으로 교육하는 방법을 찾아냈다.

　세계의 젊은이들은 졸업과 동시에 자신의 전공 분야에서 일할 수 있는 이곳 지식 마을로 몰려올 것이다. 기업들은 이미 두바이 현지에 적응을 하고, 전문적인 교육까지 받은 젊은 사원을 빠르게 채용할 수 있게 된다. 그야말로 학생과 기업 모두에게 만족스럽고 효율적인 방법이 아닐 수 없다.

　현재 지식 마을에는 서던 퀸즈랜드대학, 미들섹스대학 등 영국과 호주의 대학 분교 6개가 수업하고 있고, 세계의 많은 명문대학들이 이곳에 분교를 내기 위해 준비 중이다.

　첨단기술을 펼치는 기업도시가 있고, 그 기업에 직원들을 공급해 주는 대학도시를 만들었다면 이제 무엇이 남았을까? 그렇다! 바로 그 고급인력들의 건강을 관리해 줄 병원이 있어야 한다.

　두바이 국민들뿐 아니라 외국인들에게 최고의 의료 서비스를 받을 수 있게 하기 위해 짓고 있는 것이 바로 헬스 케어 시티이다. 초대형 전문 건강 단지가 들어서는 것이다. 이곳에는 세계 최고의 대학인 미국의 하버드와 존스홉킨스 대학에서 데려온 의사와 간호사 등 건강 전문가들이 근무하고 있다.

헬스 케어 시티는 두바이 국민들과 두바이에서 근무하는 외국인만 생각하고 만드는 것이 아니다. 중동 전 지역의 사람들을 모두 이용객으로 보고 있다.

두바이는 중동 지역과 세계를 잇는 길목에 위치하고 있어 주변 중동 지역 사람들의 출입이 많다. 그 장점을 살려 중동 지역 사람들이 쓰는 의료비를 모두 두바이로 가져오겠다는 야심찬 계획이다.

그러자면 단지 종합병원만을 세워서는 안 된다. 체육센터, 생명과학연구소, 의과대학, 간호대학 등 의료 관련 시설들도 세워야 한다. 또한 외국에서 병을 고치기 위해 오는 환자와 그 환자를 따라온 가족들을 위한 시설도 있어야 한다. 그래서 최고급 호텔과 레스토랑, 심지어 쇼핑몰까지 함께 만들고 있다. 자칫 우울한 분위기가 될 수도 있는 병원 지역에 창의력을 발휘해 활기찬 모습으로 완성해 나가고 있다.

이란, 이라크, 시리아 등 중동 지역에는 전쟁이 빈번한 나라들이 많이 있다. 이런 나라의 부자들은 불안한 자기 나라의 병원보다는 안전한 나라에 가서 치료 받고 싶어 한다. 바로 그 점 때문에 헬스 케어

지식 마을

미디어 시티

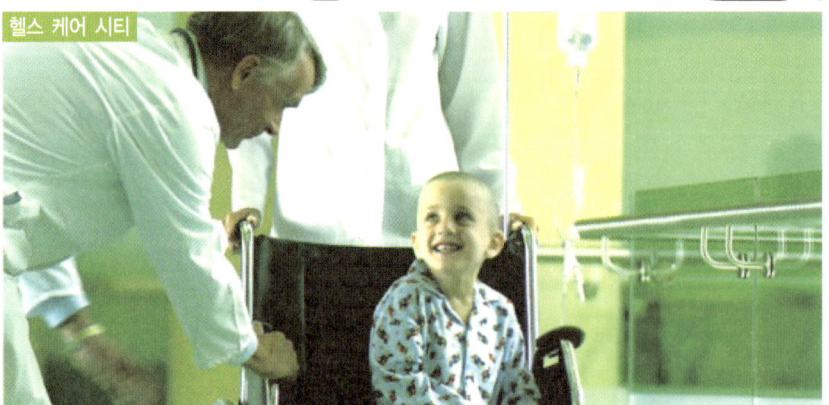

헬스 케어 시티

시티의 성공은 확실해 보인다.

우리나라를 포함해 세계 어느 곳이든 사업을 하려면 많은 세금을 내야 한다. 그 사업이 성공해서 많은 돈을 벌었다면 그만큼 많은 세금을 나라에 낼 수밖에 없다.

누구도 예외는 있을 수 없다. 가끔 세금을 안 내려고 이렇게 저렇게 머리를 쓰다 결국 경찰에 잡혀가고 TV 뉴스에 나오기까지 하는 사람들을 보면 한심하다.

하지만 두바이의 '시티'에서는 모든 사업가들이 '예외' 이다. 바로 이곳 '자유지역(Free Zone)' 이 모든 사업가들에게 꿈 같은 '예외' 를 주고 있다.

이곳에서는 사업 승인 후 50년 동안 법인세는 물론 소득세와 관세 등 나라에 내야 하는 모든 세금이 100% 면제된다. 말 그대로 두바이 정부에 세금을 한 푼도 안 내도 된다.

외국인이 공장이나 사무실을 사서 소유할 수도 있다. 두바이에서 벌어들인 돈을 자기 나라로 보내는 데도 아무런 제약이 없다. 두바이에서 돈을 많이 벌어 몽땅 다른 나라로 보내는 데도 투덜거리거나 방해하지 않는 것이다.

다른 나라에서는 상상도 할 수 없는 일이다. 외국인이 자기 나라에 들어와서 돈을 벌어들이고, 그 돈을 자신의 나라, 즉 외국으로 보내버린다고 하면 좋다고 하는 나라가 어디 있을까? 이런 사람들에게는 더 많은 세금을 받아내는 것이 세계 대부분 나라들의 법이다.

그런데 두바이는 전혀 그런 세금을 받으려 하지 않는다. 기분 나쁘게 봐주는 게 아니고, 기분 좋게 법으로 정해준 것이다. 이 자유지역 안에서는 말이다.

이렇게 좋은 환경이라면 기업들이 두바이에서 사업을 하지 않을 이유가 없다. 더 많은 돈을 세금 없이 벌어들일 수 있다는 데 누가 가지 않겠는가? 바로 이 점이 두바이가 원하는 효과이다.

더 많은 최고의 기업들이 들어와야 한다. 그들이 만든 최고급 상품이 두바이 이름을 달고 세계에 팔려 나가면 두바이는 세계인들 뇌리에 더 강하게 자리 잡을 것이다. 그것이 사업가에게 세금을 받는 것보다 두바이에 더 큰 이익을 주는 것이다.

셰이크 모하메드는 이 점을 정확히 알고 있었다. 그렇기 때문에 지금도 자유지역을 최대한 널리 알리며, 더 많은 기업들을 불러오기 위해 모든 지원을 아끼지 않고 있다.

5 상상력과 창의력의 나라 두바이

우리는 지금까지 이미 완성되어 세계 관광객들과 기업인들을 끌어 모으고 있는 두바이만의 야심찬 작품들을 둘러보았다.

그렇다면 이제 두바이에는 더 이상 대표할 만한 것이 없을까? 아니다. 이미 우리도 알고 있듯 두바이는 무한한 상상력과 재기가 넘치는 창의력의 나라이다. 지금 그곳에는 더 기발하고, 더 엄청난 계획들이 진행되고 있다.

세계 최고층으로 지어지고 있는 '버즈 두바이', 두바이의 해변을 획기적으로 늘리며 세계 8번째 불가사의라고 불리는 인공 섬 '팜 아일랜드', 세계 지도 모양으로 인공 섬들을 만들어 또 하나의 기적을

하늘에서 내려다본 버즈 알 아랍 호텔

만들고 있는 '더 월드', 바다 위와 사막으로는 모자라 더 깊은 곳으로 추진되는 바다 속 호텔 '하이드로폴리스' 등 이름만 나열해도 기대감에 가슴 뛰는 이야기들이 널려 있다.

이미 만들어진 것들로도 세계인들을 놀라게 한 두바이는 이어지는 환상적인 계획들로 잠시도 숨을 돌리지 못하게 하고 있다. 현재 진행 중인 공사들에 대해서는 뒤에 다시 자세한 이야기를 하도록 하자.

두바이는 몹시 덥고, 열악한 자연 환경을 가졌다. 한낮에는 너무

더워 나라 전체가 휴식시간을 갖는다. 더운 나라의 움직임은 뜨거운 태양 열기 때문에 느려질 수밖에 없다. 사람들이 게을러서가 아니라 그렇게 하지 않으면 견딜 수 없기 때문이다.

또, 두바이는 이슬람 국가이기 때문에 중동의 다른 나라들처럼 하루에 다섯 번이나 기도시간을 갖는다. 이것 역시 나라 전체가 하고 있는 신성한 전통으로 누구도 무시할 수 없는 엄격한 제도이다.

이렇게 전체적으로 느리고 효율적이지 못한 나라에서 어떻게 그 많은 공사들이 그렇게 빨리 진행되는 것일까? 엄청난 규모의 공사 하나하나에 들어가는 돈은 도대체 어디에서 나오는 것일까?

하나의 계획이 완성되고, 성공인지 실패인지를 확인하고 나서 다음 계획을 진행하는 것이 안전하지 않을까? 왜 두바이 사람들은 이렇게 많은 공사와 계획들을 한꺼번에 쫓기듯 진행하고 있을까?

셰이크 모하메드 지도자는 그 많은 계획들을 혼자 생각하고, 혼자 진행하는 것일까? 만약 실패한다면 그 모든 것을 책임질 자신이 있는 것일까?

두바이에 대해 알아갈수록 궁금증만 쌓여간다. 이렇게 많은 궁금증들을 풀려면 우선 두바이를 꿈의 나라로 만들고 있는 셰이크 모하메드 지도자에 대해 알아봐야 한다. 그가 어떤 사람인지, 어떤 지도자인지, 그리고 두바이를 어디로 이끌어가고 있는지를 말이다.

 보너스

스키 두바이, 오일달러가 만들어낸 신기루

　두바이 여행 중 엄청난 더위에 지친 친구들에게 꼭 권하고 싶은 곳이 있다면 바로 에미레이트 몰 안에 있는 '스키 두바이'입니다. 스키장 안에 들어서는 순간 밖에서는 상상할 수 없었던 추위를 느끼게 됩니다.
　사실 우리나라 겨울에 비하면 추운 것도 아닌 영하 1~2℃ 밖에 안 되지만 워낙 더운 곳에 있다가 갑자기 체온이 떨어져서 더 춥게 느껴지는 거랍니다.
　스키 두바이는 사막 한가운데 있다는 사실만으로도 관광객들의 관심을 끌어당기기에 충분합니다. 평생 눈 구경 한번 할 수 없는 중동 지역의 사람들이라면 정말 신비로운 장소이기도 하구요.
　실내 스키장이라고 무시하지 마세요. 실제로 보면 그 규모에 놀라게 된답니다. 두바이를 두고 사람들은 '오일 달러가 만들어

스키 두바이 모습

낸 신기루'라고 말한답니다. 아마도 이 스키 두바이야말로 그 표현에 딱 어울리는 곳이라 생각합니다.

스키 두바이가 여느 스키장과 다른 점이 있다면 스키 타는 사람들의 95% 이상이 똑같은 옷을 입고 있다는 것입니다. 여행객들이나 중동 사람들이나 사막 여행을 하면서 스키복을 싸들고 다니진 않겠죠? 그래서 이곳 스키 두바이에서는 스키 장비뿐 아니라 스키복과 양말까지 모두 빌려주고 있답니다.

남들이 입던 옷에 양말이라니, 왠지 꺼림칙하다구요? 하하, 걱정 마세요. 이곳에서 빌려주는 옷들은 모두 아주 깨끗한 상태라

보너스

고 하니까요. 한 가지 기억할 것은 장갑과 고글, 모자는 빌려 주지 않는다는 겁니다.

이런 것은 스키 두바이 입구에 있는 상점에서 판매하고 있는데, 종류가 많지 않아 마음에 드는 걸 찾는 게 힘들 것 같네요. 두바이에 갈 때 친구들이 가지고 있는 예쁜 장갑과 고글을 가지고 간다면 똑같은 옷을 입고 있더라도 눈에 띄는 스키 패션을 자랑할 수 있을 거예요.

물론 가방 하나를 더 준비해 스키복까지 가지고 간다면 그 날 스키 두바이에서 주목 받는 스타가 될 수도 있겠지요?

우리들이 스키를 타는 동안 흥미가 없는 엄마는 에미레이트 몰에서 쇼핑을 즐기며 기다리시면 됩니다. 스키 두바이가 있는 에미레이트 몰 안에는 까르푸와 극장도 있고, 세계의 진미를 맛볼 수 있는 레스토랑도 즐비하게 있답니다.

가족 모두에게 만족을 주는 곳 에미레이트 몰. 그리고 그 안에 펼쳐진 신기한 겨울동산 스키 두바이. 사막에서 스키를 즐기는 경험이야말로 독특함을 넘어 가히 환상적이랍니다. 두바이에 가면 꼭 스키 두바이를 들러보세요.

신경원(여성조선 기자)

두바이처럼 생각하라

두바이를
일으킨 힘, 셰이크 모하메드

제 3 장

9 아버지에서 아들로

두바이가 아직 영국의 식민지였던 1958년 새로운 통치자가 탄생했다. 바로 셰이크 모하메드의 아버지인 셰이크 라시드이다. 옛날부터 중동 지역의 나라들은 그 지역에서 가장 막강한 가문이 지배자가 되어 나라를 다스렸다고 한다.

두바이에는 막툼 가문, 즉 셰이크 모하메드의 집안이었다. 왕과 거의 같은 힘을 갖고 있지만, 왕은 아니라고 한다. 그래서 왕이라고 부르지 않고 대신 지도자라고 부른다.

'두바이 혁명의 선구자'라고 불리며, 사망한 지 오래된 요즘에도 두바이 국민들의 존경을 받고 있는 셰이크 라시드. 그는 통치자의 자리에 오르자마자 두바이의 장래에 대해 고민하기 시작했다. 나라 전체가 진주조개잡이로 계속 먹고 산다면 작고 힘없는 나라로 영원토록 독립하지 못할 것이기 때문이었다.

개인이든 나라든 당당하게 인정을 받고 대접을 받으려면 힘이 있어야 한다. 나라의 힘이란 무엇인가? 바로 경제력이다. 돈을 벌어야 하는 것이다. 하지만 무엇으로 돈을 번단 말인가?

이렇게 아무 것도 없는 나라에서 돈을 벌려면 정말 새롭고 획기적인 변화를 시도하지 않으면 안 된다. 그렇지 않고서는 두바이가 세계에 당당히 독립된 나라로 인정받는다는 것은 영원히 불가능할 것이 분명했다.

셰이크 라시드는 자존심이 강한 진취적인 지도자였다. 자신의 나라 두바이가 그렇게 초라하게 살아가도록 두고 볼 수만은 없었다. 그래서 지도자가 된 그날부터 두바이를 일으킬 개혁의 바람을 연구하고, 고민하기 시작한다.

어느 날 비서들과 함께 황량한 사막을 걸어 다니며 살피던 셰이크 라시드는 문득 한 자리에 멈춰 서서 지팡이를 꽂았다. 그리고 넓은 사막을 바라보며 이렇게 말했다고 한다.

"언젠가 여기에 들어설 항구가 보고 싶다."

셰이크 라시드의 이런 갑작스럽고 황당한 말에 비서들은 그저 고개만 갸웃하고 있었다. 아마도 사막 한가운데서 그런 말을 하는 셰이

셰이크 모하메드(왼쪽)와 작고한 그의 형

크 라시드를 보며 그것이 농담인지 진담인지 헷갈려 했을지도 모른다. 아니 셰이크 라시드의 정신이 약간 이상해진 것은 아닌지 걱정했을 것이다.

그런 걱정을 비웃기라도 하듯 셰이크 라시드는 곧장 자신이 한 말을 사실로 만들기로 결심하고, 행동으로 옮긴다. 두바이를 중동 최고의 항구 도시로 만들기 위한 건설은 이렇게 시작되었다.

물론 처음 시작할 때 측근들의 반대가 엄청났다. 그들의 반대는 당연했다. 인구라고 해야 고작 3,000명인 바닷가 작은 마을에 엄청나게 큰 항구를 짓는다니 도무지 이해할 수 없었다. 게다가 가난한 나라에서 건설하기에는 너무 많은 돈이 들고, 성공하기 힘든 일이었다.

하지만, 셰이크 라시드의 생각은 그들과 완전히 달랐다. 셰이크 라시드는 과거 두바이가 인도에서 이슬람 성지인 메카로 성지순례를 가는 이슬람 교인들이 짐을 싣고 지나가는 지역이었음을 생각해낸 것이다. 원시적인 수준이기는 했지만, 이동하는 사람의 수는 많았고, 정기적이다.

두바이는 많은 사람들이 드나드는 나들목이 되기에 충분히 좋은 자리에 있는 나라였다. 또한, 유럽과 아시아의 중간에 위치하고 있어 대형 선박이 정박할 수 있는 항구가 있다면 많은 나라들이 이용할 것이고, 그것이 두바이에 큰돈을 벌어줄 것이 분명했다.

셰이크 라시드가 생각한 두바이의 미래는 관광과 서비스 산업의

개발되기 이전의 두바이 모습

중심지였다. 싱가포르와 미국의 마이애미, 프랑스의 생트로페를 적절히 섞어 놓은 도시. 농업은 불가능하고, 돈도 별로 없는 나라에서 할 수 있는 일이 무엇일까?

사람들을 이용한 서비스와 관광 사업만이 그들이 해볼 수 있는 유일한 도박인 셈이다. 그 도박을 하자면 외국인들이 편리하게 사용할 수 있는 시설을 갖추는 것이 우선이다. 그래서 만들어낸 첫 번째 시설이 크고 이용하기 편리한 항구였다.

두바이는 크릭을 중심으로 발달했다

　결국 셰이크 라시드는 너무 크다는 모두의 반대를 단호하게 물리치고 거대한 항구를 만들기 시작했다. 중동 일대에서 대형 선박이 들어올 수 있는 유일한 지역이 되려면 무리해서라도 크게 만들어야 한다는 것이 그의 생각이었다.

　항구 건설이 한창이던 1964년, 두바이에서 석유가 발견된다. 온 국민이 기뻐하고 축제 분위기에 빠져 있을 때, 셰이크 라시드는 오히려 걱정이 많아졌다.

지금 이렇게 기뻐하고 있다가 석유가 떨어져 버리면 어떻게 할 것인가? 원래 가난하던 사람은 힘든 일이 생겨도 꿋꿋하게 헤쳐 나갈 수 있지만 부자였던 사람이 갑자기 가난해지면 살아갈 수 없다. 힘든 일을 극복해보지 않아서 나약하기 때문이다.

두바이 사람들이 지금 발견된 석유로 한동안 잘 살다가 석유가 떨어져 갑자기 가난해진다면? 상상하기도 힘든 절망이 나라 전체에 닥칠 것이다.

셰이크 라시드가 기뻐하는 국민들을 보며 이런 어이없는 걱정을 한 이유가 뭘까? 바로 두바이에 묻혀 있는 석유의 양이 너무 적었기 때문이다.

두바이에 묻혀 있는 석유는 40억 배럴로, 아랍에미리트 연합국 전체에 묻혀 있는 982억 배럴에 비하면 너무 적은 양이었다. 게다가 2020년이면 그 석유마저도 바닥날 것이었다.

자신의 손자 세대엔 이미 석유로 먹고 살 수 없다는 뜻이었다. 셰이크 라시드는 항구를 짓는데 열중하면서도 석유를 팔아 벌어들인 돈으로 학교, 병원, 도로 등을 짓는데 투자했다.

10여 년에 걸친 대공사 끝에 1972년 마침내 35개 정박소를 갖춘 중동 최대의 항구인 '라시드 항구'가 탄생한다. 라시드 항구가 지나치게 크다는 주변의 걱정을 비웃기라도 하듯, 순식간에 밀려드는 배들로 항구는 금방 비좁아졌다.

 셰이크 라시드는 이어 67개의 정박소를 갖춘 세계 최대의 인공항구인 '제벨알리 항구'를 새로 짓고, 두바이 국제공항과 대규모 도로 건설, 알 막툼 다리 건설, 중동 최대의 제벨알리 자유무역지대 만들기 등을 동시에 추진했다.

 이제 셰이크 라시드의 계획에 반대하는 사람은 아무도 없었다. 두바이가 세계 물류 중심지로서의 확실한 지위를 갖추기 위한 기초 공사가 튼튼하게 진행되고 있었다.

 셰이크 라시드는 석유가 없어도 돈을 벌어들일 수 있는 두바이 건설에 모든 힘을 쏟았다. 그러기 위해서 석유에서 벌어들인 돈을 쌓아두는 대신 두바이의 미래를 위해 아낌없이 투자한 것이다.

 이런 셰이크 라시드의 미래를 내다본 앞선 생각과 강한 추진력이 오늘날 두바이 발전에 든든한 밑거름이 되어 주었다. 이런 위대한 리더십이 없었더면 그의 아들 셰이크 모하메드의 창의력은 그 빛을 발하지 못하고 사그라졌을지도 모른다.

2 준비된 지도자

　　셰이크 모하메드는 1949년 셰이크 라시드의 네 아들 중 셋째로 태어났다. 어릴 때부터 매우 활동적인 성격이었던 그는 걸음마를 익히자마자 집안의 모래 정원에서 공을 차며 놀았다고 한다.

　　1958년 모하메드가 9살 때, 할아버지인 셰이크 자예드가 죽고 아버지인 셰이크 라시드가 지도자가 됐다. 셰이크 라시드가 열정적으로 나라를 발전시키는 모습을 바로 옆에서 지켜보며 아버지의 리더십과 추진력을 배웠다.

　　셰이크 라시드는 아들들 중 가장 영특한 모하메드를 차기 지도자 감으로 보고 지도자로서의 교육을 집중적으로 시켰다. 은행원, 건축가, 상인, 학자 등 다양한 직업과 신분의 사람들을 만나게 해 그들의 생각과 사고방식 등을 자연스럽게 배울 수 있게 했다.

그 엄청난 교육을 받으면서도 모하메드는 자신의 취미 생활인 승마에도 소홀하지 않았다. 어린 시절부터 아랍 전통 스포츠인 매 사냥과 승마를 배운 모하메드는 특히 승마의 매력에 푹 빠졌는데, "내 피 속에는 말에 대한 본능적인 사랑이 흐르고 있다"고 입버릇처럼 말할 만큼 승마에 열정적이었다.

그런 열정을 그저 취미생활로만 소비하고 만 것은 아니다. 직접 많은 국제 승마대회에 출전해서 여러 번 우승했을 뿐만 아니라 오늘날 두바이를 세계 제일의 경마 국가로 만들었다. 왕족들의 사치스런 취미로 끝날 수도 있었던 것을 국가 경쟁력을 높이는데 적절하게 이용한 그의 창의력이 돋보이는 한 가지 사례이다.

두 차례에 걸쳐 영국 유학을 하며 고급 지식과 서양 세계를 배운 모하메드는 귀국하자마자 첫 번째 공직인 두바이 경찰국장 자리를 맡았고, 1971년에는 22세의 나이에 세계 최연소 국방장관 자리에 올랐다. 나라의 안전을 책임지는 국방장관에 지도자의 아들이라고 그 젊은 나이에 앉히다니 어찌 보면 무책임해보일 수도 있었다.

하지만 그것은 괜한 걱정이었다. 그는 아랍 국가의 이스라엘 침공,

셰이크 모하메드 지도자

두바이 국제공항에서 벌어진 비행기 납치사건 등을 연달아 훌륭하게 해결해낸다. 그가 결코 간판만 달고 무능력하게 살고 있는 부잣집 도련님이 아님을 세상에 보여준 것이다. 그는 자신이 스스로 강한 리더십의 소유자임을 증명해냈다.

셰이크 모하메드는 사건들을 처리할 때마다 자신감과 단호함을 보여줬고, 그의 그런 모습에 아버지 셰이크 라시드와 큰 형인 셰이크 막툼뿐 아니라 두바이 국민들 역시 그에게 무한한 신뢰를 보내기 시작했다.

1990년 아버지인 셰이크 라시드가 사망하고, 큰 형인 셰이크 막툼이 새로운 통치자로 지도자의 자리에 올랐다. 셰이크 막툼은 지도자의 자리에 오른 지 5년 만인 1995년, 모하메드를 차기 지도자로 선언한다.

이미 많은 분야에서 눈부신 활약을 하고 있던 모하메드는 공식적인 차기 지도자가 되면서 더욱 빠르게 움직이기 시작한다. 마치 고기가 물을 만난 듯 그 동안 국가 건설을 위해 생각하고 연구했던 온갖 창의력들을 쏟아내기 시작했다.

차기 지도자로 공식 임명되자마자 모하메드는 두바이의 미래에 대한 계획을 발표한다. 그는 신문, 방송과의 인터뷰에서 "전속력으로 달리는 일만 남았다! 몇 년 있으면 바닥날 석유만 믿고 있을 수는 없다! 석유 이외에서 돈을 벌어야 한다. 그것도 신속하고 획기적으로 벌어야 한다!"고 선언했다.

그는 이후 자신에게 반대하는 사람들의 목소리가 높아질 때마다 "나는 먼저 상황을 지켜본다. 그리고 사람들 표정을 읽고 결정 내린다. 하지만 번개처럼 재빠르게 움직여야 한다"고 자신의 협력자들에게 말했다.

두바이가 눈부신 발전을 거듭하고, 그 속도가 믿을 수 없을 만큼 빠른 이유는 바로 지도자인 셰이크 모하메드의 이런 생각 때문이다.

석유를 팔아 벌어들인 엄청난 돈을 쓰며 천천히 나아갈 수도 있겠지만 그는 조금의 여유도 너그럽게 인정하지 않는다. 세계는 빠르게 돌고 있고, 잘 살고 강한 나라는 이미 너무 많다. 그들보다 조금 더 빠르고 새로운 결과를 만들지 않는다면 결코 그들을 따라잡을 수도, 앞서 갈 수도 없다는 사실을 셰이크 모하메드는 누구보다 잘 알고 있었다.

그는 아버지가 지도자가 되었던 9살 무렵부터 차근히 배워온 모든 지식과 창의력, 리더십을 최대한 발휘하며 준비된 지도자로서 두바이를 빠르고 힘차게 발전시키고 있다. 그런 그에 대한 두바이 국민들의 믿음과 존경은 절대적이기까지 하다.

셰이크 모하메드의 리더십에서 배운다

 우리가 살아가는 현대사회는 결코 한 가지만을 잘 해서는 인정받을 수 없는 복잡하고 치열한 세상이다. 단순히 노래만 잘하는 가수는 인기를 얻기가 힘이 든다. 그들은 연기도 해야 하고, 토크쇼에 나와 재치 있는 말도 할 줄 알아야 한다. 뮤직 비디오에 멋있게 등장하기 위해 운동을 해서 단단한 몸도 만들어야 하고, 때로는 아름다운 얼굴을 위해 성형수술도 한다. 그것이 경쟁사회에서 살아남는 길이기 때문이다. 세상은 더 잘난 사람, 더 멋진 사람을 원하고, 더 강한 지도자를 필요로 한다.

똑같이 컴퓨터 게임에 빠져 있던 두 사람 가운데 한 명은 유명한 프로 게이머가 되고, 다른 한 명은 은둔형 외톨이가 되어 낙오자로 살아간다. 왜 그럴까? 두 사람의 차이는 무엇일까? 단지 한 명은 운이 좋았고, 다른 한 명은 운이 나빴다고 할 수 있을까? 아니면 잘 난 부모님을 만난 덕분일까?

아니, 그렇지 않다. 운이란 자기 자신이 만들어가는 것이다. 능력 있고 잘 난 부모님을 두었다면 유리한 조건인 것은 분명하다. 하지만 그것만으로 자신이 미래에 성공할 수 있다고 마음 놓을 수는 없는 일이다. 자신의 미래는 자신의 힘으로 헤쳐 나가야 한다. 자신이 나아갈 길의 끝에 있을 미래는 그 길을 걸어가는 자신만이 만날 수 있기 때문이다.

그렇다면 내가 가는 이 길이 정말 옳은 길인지 어떻게 알 수 있을까? 미래는 가보지 않고는 모르는 데, 가다가 마음이 흔들린다면 어떻게 해야 할까?

나를 이끌고, 나를 다스리는 힘. 다른 누군가와 나를 구별할 수 있는 마음. 그것은 바로 리더십이다. 나 자신을 이끌 수 있는 리더십의 차이, 그것이 나와 다른 누군가의 미래를 결정짓는 중요한 차이가 된다.

리더십이란 여러 사람을 이끌고 가는 힘만을 말하는 것이 아니라 자기 자신을 다스리고 이끄는 힘이라고도 할 수 있다. 자기 자신을 이끌지 못하는 사람이 다른 사람들을 이끌고 갈 수는 없다. 자기 자신에게 확신을 갖고, 그 확신을 꾸준하게 이어가는 힘. 그것이 바로 진정한 리더가 되는 첫 걸음이라 할 수 있다.

그런 자신감을 갖기 위해 우리는 두바이의 지도자 셰이크 모하메드의 창의적인 리더십을 배울 필요가 있다. 셰이크 모하메드는 단지 지도자의 아들이었기 때문에 리더가 된 것은 결코 아니다.

그는 4형제 중 셋째이다. 지도자가 될 수 있는 순서가 세 번째이고, 남동생도 있다. 그들 중 유난히 눈에 띄고, 아버지와 국민들에게 존경과 신뢰를 받았기 때문에 지도자의 자리에 오를 수 있었던 것이다. 분명 그가 엄청난 노력을 했고, 뛰어난 리더십으로 자신과의 싸움에서 이긴 결과일 것이다.

자신의 상상력과 미래에 대한 철저한 믿음을 갖고, 자신을 위해 일하는 협력자들을 효과적으로 이끌며, 온 나라의 국민이 신뢰하는 강한 리더십의 소유자인 셰이크 모하메드. 우리는 그의 창의적인 리더십을 배워야 한다.

첫째, 셰이그 모하메드의 생각

셰이크 모하메드의 생각과 행동에 있어 가장 큰 특징은 바로 '불가능이란 없다'이다. 그는 이 생각을 바탕으로 아무도 생각지 못하는,

인공섬인 팜 주메이라의 모형도

아니 생각하기를 겁내는 모든 것들에 상상력을 발휘한다.

　상상력이란 아직 오지 않은 내일을 그려 보는 것이다. 상상력은 지식보다 중요한 요소이다. 지식은 한계가 있지만, 상상력은 그 한계가 없기 때문이다.

　창의력이 중요한 이유는 바로 경직된 정답을 찾지 않는다는 점이다. 1+1=2라는 생각으로는 리더가 될 수 없다. 1+1=11이 될 수도 있고, 1과 1을 가지고 +를 만들 수도 있다. 이런 생각이 바로 창의력이다. 다른 누군가와 똑 같은 생각을 한다면 그는 결코 앞서 나갈

인공섬 팜 주메이라의 공사 현장

수 없다.

셰이크 모하메드는 두바이를 상상력의 보물섬으로 만들었다. 두바이에서는 틀에 박힌 생각이 깨지고, 불가능이 가능으로 바뀌었다. 모두 셰이크 모하메드의 상상력과 창의력이 만들어낸 눈부신 작품들이다.

셰이크 모하메드는 "왜 그린 프로젝트는 안 된다고 미리 포기할까? 왜 사막에는 골프장을 비롯하여 선진국과 똑 같은 엔터테인먼트 시설을 만들지 못하는 것일까?"라는 질문을 반복함으로써 "아니, 할 수 있다"의 대답을 이끌어냈다. 바로 자기 자신에게서 말이다.

그는 또한 활짝 열린 마음으로 수많은 전문가들의 의견을 적극적으로 듣고 배우며, 그들의 생각을 받아들인다. 불가능은 없다는 생각과 열린 마음이 있었기 때문에 '사막'과 '스키장'이란, 도무지 같이 어울릴 수 없는 두 단어를 하나로 묶을 수 있었던 것이다.

세계의 사람들이 두바이에 가고 싶어 하는 이유는 단순하게 거대한 건축물이 있어서가 아니다. 무언가 새롭고 신기한 생각들이 펼쳐지고 있기 때문이다.

그렇기 때문에 처음 '중동의 중심'을 목표로 했던 아버지의 뒤를 이은 아들은 이제 두바이를 '세계의 중심'을 목표로, 아니 '세계 그 자체'를 바라보며 달려가고 있는 것이다.

두바이의 면적은 제주도의 2배 정도이고, 그 90%가 사막이지만 끝없는 상상력과 강한 실천력의 결과물로 인해 빠른 시일 내에 '전 세계 관광객 1억 명 유치'의 목표를 무난하게 이루어낼 것이다.

우리나라를 한번 생각해 보자. 분명 두바이보다 좋은 환경과 많은 역사 유적지를 가지고 있다. 하지만 적극적인 홍보와 기발한 상상력의 행사들이 뒤따라주지 못하고 있지 않은가.

'한국' 하면 떠오르는 것이 아직은 '김치' 정도이다. 굳이 우리나라에 오지 않아도 맛볼 수 있는 '김치' 만으로는 외국 관광객을 끌어들일 수 없다. 두바이와 한국의 차이점은 바로 '상상력'과 '불가능은 없다'라는 강한 실천력을 가진 리더가 없다는 것이다.

훌륭한 리더는 어떤 일을 시도해보라는 공식적인 허락을 기다리지 않는다. 무능한 중간 관리자는 "공식적인 허락을 받지 못했으니 난 그 일을 할 수 없다"라고 말한다.

하지만 훌륭한 관리자는 "공식적으로 하지 말라는 지시가 없었으니 할 수 있다"라고 말한다. 두 사람의 차이는 바로 어떤 일을 하는 데 있어 나타나는 창의력과 리더십의 차이다. 앞서 나가는 리더십이 앞서 나가는 생각을 만드는 것이다.

페니실린도 한때는 병균일 뿐이었다. 영국의 미생물학자 플레밍의 노력에 의해 페니실린이라는 곰팡이가 가치 있는 자원이 되었다. 세계적인 경영학자인 피터 드러커는 이것을 두고 "이미 존재하는 자원이 새로운 부, 바로 돈을 만들어내도록 새로운 능력을 주는 활동이 바로 혁신"이라고 말했다. 앞선 생각이 앞선 사람을 만들고, 앞서 나가는 나라를 만든다. 이것이 바로 '창의력의 힘'이다.

둘째, 셰이크 모하메드의 말

말은 내 자신의 의지 표현이자, 주변 사람들의 신뢰와 협력을 이끌어내는 가장 확실하며 중요한 수단이다. 그만큼 말은 신중해야 하고,

두바이에서 골프를 즐기는 모습

가볍게 해서는 안 된다. 너무 무례하거나 상대가 기분 나쁜 표현을 한다거나, 부정적인 말을 툭툭 던진다면 누구에게도 인정받지 못하는 사람이 될 것이다.

　우리나라 어른들이 흔히 하시는 말씀으로 '말 한 마디로 천 냥 빚을 갚는다' 라는 표현이 있다. 한 마디의 공손하고 예의 바른 말이 상

돛단배 모양의 버즈 알 아랍 호텔과 파도 모양의 주메이라 비치 호텔

대를 감동시켜 나 자신의 위기를 넘기게 해준다는 말이다.

너무 흔하게 쓰여 어쩌면 촌스럽게도 느껴지는 이 말이 우리가 말을 할 때 꼭 새겨 놓아야 할 진리라는 것을 명심해야 한다.

탈무드에도 말에 관한 여러 가지 좋은 이야기들이 있다.

"새장으로부터 도망친 새는 붙잡을 수 있으나 입에서 나간 말은 붙잡을 수 없다."

"물고기는 언제나 입으로 낚인다."

함부로 내뱉은 말은 다시 주워 담을 수 없다. 말로 인한 실수는 무엇보다 크기 때문에 친구와 주변 사람들을 내게서 멀어지게 만들 수 있다.

그런 점에서 셰이크 모하메드의 말은 배울 대목이 많다. 그는 말을 할 때 과장하거나 속이려 하지 않는다. 무슨 일이든 충분히 생각하고, 확실하게 정리한 후에 군더더기 없이 깔끔하게, 아주 정확하게 요점을 말한다. 상대방으로 하여금 이해하기 쉽고, 믿음이 가게 만드는 것이다.

또한 셰이크 모하메드가 말을 할 때 빼놓지 않는 것이 바로 유머다. 깔끔하고 정확한 말은 상대방에게 나의 의견을 전달하는 데는 최고의 방법이겠지만, 그것이 오랫동안 이어진다면 아마 대화 분위기가 딱딱해지고 상대방을 긴장시킬 것이다.

오랜 시간을 그렇게 얘기하다보면 분위기가 굳어져서 더 이상 대화하고 싶지 않아질 수도 있다. 이런 때 적절하게 유머를 섞어준다면 상대의 기분을 편하게 만들어 주면서 좀 더 친밀한 사이가 될 수 있다.

우리가 대화를 나눌 때 딱딱하게 의견만 내놓는 사람은 지루하고, 장황하게 말이 많은 사람은 왠지 거짓말쟁이처럼 느껴진다. 말이란 생기가 넘치고, 정중하며 상대방을 지루하게 해서는 안 된다. 말 한 마디로 상대에게 믿음직한 인상을 줄 수도 있고, 다시 보기 싫은 사람으로 생각되어 따돌림 당할 수도 있다. 말이란 그만큼 하기 힘들고, 또 함부로 해서는 안 되는 중요한 것이다.

셰이크 모하메드는 말을 할 때 푸념을 늘어놓거나 패배주의가 담긴 불길한 단어들은 쓰지 않는다. 지도자의 말 한 마디 한 마디, 그가 골라서 내뱉은 단어 하나하나에 국민들이 즐거워하고, 혹은 불안해한다.

지도자의 말을 듣고 나서 고개를 갸웃거리게 된다거나 약간이라도 불안한 마음이 든다면 그 결과는 생각보다 엄청나다.

국민 모두가 미래를 걱정하게 될 것이고, 국민들이 불안해하는 나라에는 외국인이 올 리가 없다. 그럼 다시 두바이의 미래는 어둡게 되는 것이다.

그런 결과까지 만들 수 있는 것이 바로 지도자의 말이다. 그렇기 때문에 셰이크 모하메드의 말에는 희망이 넘치고, 승리를 향한 강한 의지가 담겨 있다.

확고한 의지를 가진 지도자만이 국민들을 흔들리지 않게 잡아줄 수 있다. 지도자는 말로써 미래에 대한 희망과 확신을 심어주어야 한다. 만일 그런 능력이 없다면 그는 더 이상 지도자가 아니다.

셰이크 모하메드는 이렇게 확고한 '미래의 가능성을 보여주는 것'

에 있어서 다시 한 번 훌륭한 말솜씨를 보여준다.

지도자는 조직 구성원에게 책임을 떠넘기는 말을 해서도 안 된다. 미국의 트루먼 대통령이 했다는 "모든 책임은 내가 진다"라는 말처럼 항상 자신이 최종 책임을 진다는 자세를 보여야 한다.

내가 생각하고, 내가 행동했으면서 나중에 그 결과에 따라 누군가에게 책임을 미룬다면 그 사람은 이미 패배자다.

만약 다른 누구의 잘못으로 인해 결과가 나빠졌다 하더라도 내가 그 계획을 생각했고, 말로 발표까지 했다면 그 책임도 내가 지겠다는 자세야말로 진정한 리더의 자세인 것이다.

셋째, 셰이크 모하메드의 행동

충분한 생각을 끝내고, 입을 열어 말을 했다면 이제 행동에 옮길 차례다. 우선 우리의 일상을 살펴보자. 우리는 어떤가? 항상 새 학년이 시작되면 여러 가지 거창한 계획들을 잡고, 시간표를 짜고, 부모님께 큰소리를 치곤 한다.

하지만 언제나 일주일을 버티지 못하고, 계획을 잡았던 마음마저 잊지는 않았는가? 계획을 실행에 옮기는 것이 지겨워져 '사실은 썩 좋은 계획이 아니었어'라고 변명을 늘어놓지는 않았는가?

신중하게 생각하고 결정했다면, 그저 묵묵히 신속하게 계획에 맞춰 움직여야 한다. 그래야 내가 내린 결정이 결과적으로 좋은 것인지

버즈 알 아랍 호텔의 화려한 내부 모습

혹은 불완전한 것인지 정확하게 알 수 있는 것이다.

그 결과를 봐야 또다시 같은 실수를 반복하지 않게 될 것이다. 하다가 중단한 일이라면 결과를 보지 못했기 때문에 언젠가는 다시 시도하게 되고, 그때서야 실패한 계획임을 알게 된다면 2배, 아니 그 이상의 손해가 뒤따르게 될 것이다.

셰이크 모하메드는 항상 결정은 신중하되, 행동은 번개처럼 신속해야 한다고 강조한다. 그는 무슨 위원회를 만들어 허구한 날 이런 주장, 저런 주장을 몇 달간 한가하게 들으면서 토론이나 하며 시간을 보내는 지도자가 아니다.

"그것도 맞다. 하지만 이것도 일리가 있다"는 식의 미지근한 행동을 하지 않는다. 끝없는 상상력과 충분한 생각 끝에 만들어진 계획은 번개처럼 빠르게 행동으로 옮긴다. 실천이 빨라야 결과가 빠르고, 혹 결과가 나쁘더라도 그것을 보충할 시간을 벌 수 있다.

벌써 중동의 여러 국가들이 두바이의 성공적인 결과들을 보고 그들의 계획과 상상력을 따라 하기 시작했다.

하지만 두바이의 결과물은 흉내 낼 수는 있어도 빠르게 진행되고 있는 새로운 계획들의 엄청난 속도 때문에 도저히 따라 갈 수 없다고 한다. 두바이가 먼저 하고, 그들은 두바이의 뒤를 따르고 있을 뿐이다.

셰이크 모하메드의 이렇게 빠르고 신속한 실행 능력이 없었다면,

두바이는 아직도 운 좋게 발견된 석유를 팔아 먹고살며, 언제 석유가 바닥날지 몰라 불안해하고 있었을 것이다. 그들은 자신의 자식 세대가 먹고 살 것을 마련하기 위해 석유를 판 돈을 들고 너도 나도 외국으로 나갔을지도 모른다.

하지만 두바이에는 셰이크 모하메드가 있고, 이 위대한 지도자는 석유가 아닌 다른 사업들로 두바이를 일으키고, 두바이 국민들을 풍요롭게 하고 있다. 빠르고 정확한 판단과 강한 추진력이 그것을 가능하게 했던 것이다.

우리들은 일상 생활 속에 자주 선택의 순간을 맞게 된다. 사소하게는 학용품을 살 때 어느 제품이 좋은지의 선택에서부터 학기 초면 어김없이 치러야 하는 반장 선거, 학생회장 선거의 중요한 선택도 해야 한다. 물론 우리 친구 본인이 직접 선거에 출마할 경우도 생각해 보자. 우리는 어떤 기준으로 우리 반의 대표, 우리 학교의 대표를 뽑아야 할까? 순간의 잘못된 선택으로 1년 내내 불평불만으로 학교생활을 하고 싶지 않다면 신중하게 생각해야 할 문제이다.

또한 바로 내가 그 대표로서의 자질이 충분하다는 것을 어떻게 보여줘야 할까? 어떻게 해야 반 친구들과 전교생들이 나를 믿고 인정해 줄까?

대표란 바로 '리더'를 말한다. 리더에게는 리더십이 있어야 한다.

'나'를 이끌고, '우리 반'을 이끌고, '우리 학교'를 이끌어 가는 강한 리더십을 가진 후보를 선택해야 한다. 새로운 생각과 행동을 발휘할 수 있는 창의력이 강한 후보를 가려내야 한다. 그의 창의력과 리더십을 알 수 있는 방법은 그의 '생각'과 '말' 그리고 '행동력'을 살피는 것이다.

실현 가능성이 없는 허황된 공약을 남발하는 후보는 '상상력은 풍부할지 몰라도 '생각'이 짧고, 경솔하게 '말'을 하는 가벼운 사람이다. 그는 이미 리더십과는 거리가 먼 인물임이 분명하다.

공약을 할 때 실현 가능성이 있는지, 그것이 우리 반과 우리 학교에 얼마나 많은 발전을 줄 수 있는지, 선생님과 전교생들에게 얼마나 많은 도움을 받을 수 있는지 충분히 생각하고 말해야 한다. 실현 가능하며 기발한 창의력은 그 후보의 입을 통해 분명하고 명쾌하게 전달되어질 때 친구들의 호응을 얻을 수 있게 된다. 진심이 담긴 강렬한 웅변만큼 효과적으로 청중들의 마음을 흔드는 것은 없다.

셰이크 모하메드의 '생각'과 '말'과 '행동력'. 우리는 이것을 깊이 새겨 놓고 나 자신, 혹은 우리의 대표를 뽑을 때 충분히 참고하고 비교해야 한다. 그것이 우리 자신을 강하고 훌륭한 리더로 만들고, 성공적인 리더를 뽑는데 기준점이 되어줄 것이기 때문이다.

4 셰이크 모하메드의 협력자들

바다 한가운데의 호텔, 세계 최고층 빌딩, 사막의 스키장과 골프 클럽, 세계 지도 모양의 인공 섬들, 바다 속 호텔. 두바이의 이 모든 것들은 넘치는 아이디어와 추진력이 만들어낸 꿈의 프로젝트들이다. 이 대형 프로젝트들은 모두 어마어마한 돈을 투자해야 하는 사업들이다. 두바이가 석유를 퍼내어 판 소중한 돈은 물론이고, 세계의 투자자들에게 많은 이익을 약속하고 끌어 모은 돈으로 만들고 있다.

이 모든 것이 셰이크 모하메드 혼자서 할 수 있는 일이었을까? 위대한 지도자란 모든 불가능을 가능하게 만드는 전지전능한 능력을

두바이에서는 밤에도 불을 켜고 운영되는 골프장이 많다

가지고 있을까?

훌륭한 지도자는 다른 사람의 지식을 이용할 줄 아는 사람이라고 했다. 각 분야의 최고 지식인들을 모아 그들의 지식을 활용할 줄 알아야 한다. 셰이크 모하메드가 바로 그런 훌륭한 지도자의 모범 답안이 된다.

셰이크 모하메드를 얘기하면서 빼놓을 수 없는 것이 바로 그의 뒤에서 완벽하게 실현할 수 있는 계획표를 내놓는 전문가 두뇌 집단, 즉 싱크탱크이다.

"우리는 비전에 의해 움직이고 용기를 가지고 있다. 내 뒤에는 열심히 일하는 젊은 싱크탱크가 있다. 내가 아이디어와 목표를 제시하면 그들은 실행에 옮긴다."

이것은 셰이크 모하메드가 자신의 싱크탱크에 대해 한 말이다. 창의력이란 그 생각이 현실이 되었을 때, 특히 훌륭한 결과물이 되었을 때 빛을 발하게 된다.

셰이크 모하메드의 창의력이 세계인들의 존경을 받는 것은 바로 그 결과물들 때문이다. 그의 창의력을 돋보이게 해주는 사람들은 바로 그의 작품들을 현실적으로 실현 가능하게 만들어주는 전문가 집단인 것이다.

지도자는 조직과 나라를 이끌어가야 하는 중요한 자리이다. 그 지도자의 작은 실수 하나가 조직을 무너뜨리고, 나라를 위기에 빠뜨릴 수도 있다. 그렇기 때문에 지도자의 결정은 신중하고, 정확해야 한다.

하지만 그 결정이 정말 정확한지에 대해 누가 평가할 수 있을까? 설령 누군가 평가를 한다고 해도 받아들여지지 않는다면 그것이 무슨 소용일까? 엄청난 돈과 시간을 들여 세워놓은 계획이 실패했을 때, 그 책임은 누가 질 것인가?

지도자가 실패하면 그 피해는 고스란히 조직원들과 국민들에게 돌아오게 된다. 그렇기 때문에 강한 사람일수록 주변의 말에 귀 기울일

줄 아는 지혜가 필요하다.** 한 사람의 생각보다는 두 사람의 생각이 좀 더 구체적인 법이다. 그것이 10사람이 되었을 때 더 정확해지고, 100사람이 된다면 실패 확률은 그만큼 줄어든다.

셰이크 모하메드는 자신의 생각과 계획을 뒷받침해주고 도와줄 협력자들을 2,000명이나 거느리고 있다. 다시 말해 그가 계획을 행동으로 옮기기 전에 그 계획에 대해 생각하고 연구하는 두뇌가 2,000개이다. 그것은 한 가지 계획에 2,000번을 생각해보고 결정한다는 것과 같은 뜻이다. 이것이 바로 셰이크 모하메드의 계획이 아직까지 실패한 일은 없었던 이유이다.

이 조직에 대해서는 누구도 정확히 알고 있지는 못하다. 마치 비밀요원들처럼 자신들의 모습을 드러내지 않고 조용히, 그리고 빠르게 움직이는 사람들이다. 다만, 그동안의 결과물들을 볼 때, 그들은 영국 옥스퍼드대 박사 출신을 중심으로 세계에서 모여든 2,000명의 전문가 집단이라고 예상하고 있다.

셰이크 모하메드는 자기 나라의 미래를 계획하며 외국인 의견에 귀를 기울였다. 외부 전문가들이 진단한 두바이의 현실을 냉정하게 받아들였다.

자기 나라 국민이라면 아무리 전문가라 할지라도 개인적인 감정이 들어가게 마련이다. 자기 나라의 미래를 걱정하는 마음에 무리한 공사를 계획하거나 실행하는데 망설이게 될 것이다. 이런 개인적인 감

두바이의 야경

정이나 판단은 미래를 향해 뻗어나가는데 오히려 걸림돌이 될 수도 있다.

  그렇기 때문에 셰이크 모하메드는 냉정한 눈으로 현실을 정확하게 판단할 수 있는 외국의 전문가들에게 두바이의 현실을 진단받고, 그들의 해결책에 귀를 기울였다. 물론 자신의 의견이 가장 우선시 되겠지만, 전문가의 생각을 결코 무시하거나 흘려듣지 않았다. 셰이크 모하메드의 싱크탱크 2,000명은 이렇게 모이게 된 것이다.

이들의 활동 영역은 그 존재만큼이나 다양하고 치밀하다. 이들은 두바이 시내 빌딩에 사무실을 얻어 놓거나 '두바이 아이디어 오아시스' 등의 이름으로 셰이크 모하메드의 뒤에서 연구를 하고, 여러 가지 계획들을 정확하게 계산하며 실행하고 있다.

셰이크 모하메드는 이들과 하루 24시간 연락을 주고받으며 정보를 보고받는다. 또한 시간이 나는 대로 이들을 집무실이나 사막 휴양소로 불러들여 묻고, 듣고, 토론한다.

종교와 국적을 따지지 않고, 세계 최고의 기술과 지식을 지닌 사람이라면 누구라도 받아들인다는 것이 셰이크 모하메드의 확고한 생각이다.

그는 "번영은 기술과 돈이 가져오는 게 아니라 오직 사람만이 가져올 수 있다"면서 "가장 유능한 팀은 1 더하기 1을 11로 만든다"라고 말한다. "싱크탱크를 통해서 나는 과거의 경험을 되살리긴 하지만 누구의 것이든 복사하지 않는다. 두바이에서 추진되는 그 어떤 것도 복사나 복제품이 아니다"라고 분명하게 말한다. 두바이의 독창적이고 눈부신 계획들은 그의 말이 허풍이 아님을 증명하고 있다.

두바이처럼 생각하라

끝나지 않은 꿈,
두바이

제 4 장

1 바벨탑을 꿈꾸다, 버즈 두바이

두바이에서는 단 하루도 지루할 틈이 없다. 일 년 내내 국제적인 대회가 열리고, 곳곳에서 창의적인 건축물들이 빠르게 올라가고 있다. 셰이크 모하메드의 창의력은 세계의 이목을 집중시키고 있는 몇 개의 프로젝트들로 만족하기에는 너무나 크고, 그 한계가 보이지 않는다.

그 중에서 단연 세계인의 관심을 모으고 있는 것이 '버즈 두바이' 이다. '두바이의 탑' 이란 뜻의 버즈 두바이가 완공되는 순간 세계 건축사의 한 페이지를 화려하게 장식하게 될 것이다. 왜냐하면 이 건물은 '세계 최고층' 이란 목표로 지어지고 있기 때문이다. '두바이의 탑'이 아니라 '세계의 탑'이 될 건물이다.

현재 세계 최고 높이 빌딩은 대만의 타이베이금융센터 101빌딩이다. 무려 508m 높이에 101층이다. 하지만 타이베이금융센터는 이제 2008년이면 '세계 최고 높이'라는 이름을 더 이상 쓸 수 없게 된다. 버즈 두바이는 타이베이금융센터를 한참 내려다볼 높이로, 무려 160층에 높이가 800m 이상이 될 것이기 때문이다.

160층에 800m, 그것이 도대체 어느 정도 높이일까? 우리 가까이에 있는 63빌딩을 생각해 보자. 멀리서 바라보아도 몹시 높게 느껴지지만, 가까이 가서 목이 꺾어져라 올려다봐도 층을 다 세기가 힘든 높이다.

이 63빌딩의 높이가 249m이다. 그렇다면 800m인 버즈 두바이는 63빌딩을 3개 쌓아 올린 높이보다 더 높다는 결론이 나온다. 그 앞에서 고개를 꺾는 정도가 아니라 아예 누워서 본다 해도 끝이 보이지 않는 가공할 만한 높이가 되는 것이다. 생각만 해도 어지럼증이 느껴질 정도다.

이렇게 높은 빌딩을 지으려면 든든하게 받쳐줄 넓은 땅이 필요하겠다. 버즈 두바이의 공사장 면적은 3만 2000평으로, 서울 코엑스 몰 전체 넓이의 4배가 넘는 크기라고 한다.

이런 어마어마한 건물을 지으려면 공사비 역시 엄청난 액수일 것이다. 무려 8억 7,600만 달러 예산으로, 2005년에 시작된 버즈 두바

버즈 두바이의 공사 현장

버즈 두바이의 조감도

이 공사는 천일야화처럼 1,000일이 지난 2008년 말에 완공될 예정이다. 보통의 아파트 공사에서 한 층을 짓는데 걸리는 시간이 6~7일이라고 한다.

그런데 버즈 두바이는 3일에 한 층씩 올라간다고 한다. 정말 엄청난 속도의 공사인 것이다. 높이에서든, 속도에서든 최고, 최대라는 수식어가 아깝지 않은 빌딩이 올라가고 있다.

버즈 두바이는 1층부터 39층까지는 호텔이며, 40층부터 108층까지는 고급 아파트, 109층 이상은 사무실과 전망대로 쓰인다고 한다.

이제 짓기 시작한 지 1년 정도 되었지만 이미 아파트와 사무실은 100% 가까이 분양되었다고 하니, 이 세계 최고층 빌딩에 관심을 갖는 사람들이 얼마나 많은지 짐작이 된다.

이런 엄청난 건물 공사를 하는 사람들은 누구일까? 이런 공사는 무엇보다 안전하고 정확하며, 세계에서 인정받은 화려한 경력의 국제적인 대기업이 할 것이 분명하다. 셰이크 모하메드가 선택한 이 국제적인 대기업은 어디일까?

놀라지 마시라. 자랑스러운 우리나라 기업, 바로 '삼성물산'이다. 삼성물산이 이 세계적인 건축물을 짓는데 총 책임을 맡아 진행하고 있다. 한껏 자랑하고, 자부심을 느껴도 좋을 일이다.

두바이에서 아부다비 방향으로 간선 도로인 셰이크 자예드 대로를 달리다가 왼쪽으로 바라보면 세계 최고층 빌딩인 버즈 두바이의 공사 현장이 나타난다. 그 앞에는 대형 간판이 세워져 있는데, 거기에는 '역사가 올라간다' 라는 글이 적혀 있다. 세계 건축사의 새로운 역사를 두바이와 함께 우리 대한민국의 기업이 쓰고 있다.

2 걸프 만의 야자수 섬, 팜 아일랜드

 두바이는 몹시 작은 나라인 데다 그것마저도 90%가 사막이다. 사막 안에는 대형 쇼핑몰과 골프장 등을 세웠지만 아무래도 사람들이 오랜 시간 생활하고 휴식할 수 있는 공간은 아니다. 아무리 신나고 즐겁다고 해도 며칠씩 쉬거나, 생활을 하려면 조금 조용하고 여유로운 공간이 필요하다.

 땅은 좁고, 불러들여야 할 세계의 부자들은 너무 많다. 어디에 그들을 위한 공간을 만들 것인가?

 셰이크 모하메드는 아라비아 해안의 끝없이 넓은 바다로 눈을 돌렸다.

"그렇다! 저곳에 사막의 모래와 돌을 쌓아올려 섬을 만들자! 버즈 알 아랍 호텔만을 위해 만들었던 작은 인공 섬이 아니라 두바이의 지도가 변하도록, 달에서도 보이도록 크게 만들자!"

바다로 막힌 '공간의 한계'를 부서버린 셰이크 모하메드의 창의력으로 진행되고 있는 것이 바로 '팜 아일랜드' 프로젝트이다.

총 4개의 섬들로 이루어질 팜 아일랜드는 이미 세계 8번째 불가사의라고 불린다. 셰이크 모하메드의 말대로 달에서도 보일 만큼 규모가 큰 것이 이미 현실이 되었는데도 믿기지 않아 사람들이 불가사의라고 표현하고 있는 것이다.

이 4개의 인공 섬이 얼마나 큰 지는 해변의 길이에서 잘 알 수 있다. 해변의 총 길이가 1100km로, 승용차로 꼬박 5시간을 달려야 하는 우리나라 경부고속도로 길이의 3배에 달한다. 이 인공 섬들을 다 돌려면 시속 100km로 한 번도 쉬지 않고 11시간을 달려야 한다는 말이다. 그야말로 끝이 없는 상상력과 인간의 한계를 부서버린 거대한 야심작이라고 할 만하다. 이런 겁 없는, 무모해 보이기까지 한 도전정신이야말로 '두바이'의 상징이 아닐까?

팜 아일랜드는 그 이름처럼 야자수 모양의 인공 섬들을 만들고, 그 위에 아름다운 주택과 편의 시설을 갖춘 종합 관광 레저 타운을 건설하고 있다.

인공 섬이 야자수 모양을 하게 된 이유도 기발하다. 바로 '돈' 때

공중에서 내려다본 두바이 인공 섬들

문이다. 해변을 늘려 땅 값을 최대한 많이 벌어들이기 위한 디자인이다. 인공 섬이 단순히 땅을 만들기 위해 시작된 것이라면 넓은 원형이 될 터인데, 그렇게 만들면 해안선의 길이가 별로 길지 않게 된다. 많은 별장을 지어 놓는다고 해도 사람들은 누구나 문을 나서면 해변이 펼쳐지고, 창 밖에 바다가 보이는 집을 원할 게 분명하다. 그렇게 되면 해안가의 집은 비싸게 팔리겠지만 해안에서 멀리 떨어진 집들은 무척 싸게 팔릴 것이다. 아니, 아무리 싸게 팔아도 사지 않을지도 모른다.

이해를 돕기 위해 종이 두 장을 준비해서 한 장에는 주먹을 쥔 채 손 바깥을 따라 연필로 선을 그리고, 다른 종이에는 손가락을 쫙 벌리고 선을 그려보자. 두 장을 비교해 봤을 때, 어느 종이에 연필선이 더 많이 그려졌을까. 펼친 손을 그린 종이의 연필선이 훨씬 긴 것을 알 수 있다.

손가락이 다섯 개인 손보다 가지가 길고 훨씬 많은 야자수. 그래서 모든 집들이 해안가에 위치할 수 있도록 효과적이고, 아름다운 야자수 디자인을 만들어냈다. 야자수의 가지만큼 해안선은 엄청나게 늘어나고, 해안선을 따라 아파트와 호텔을 비롯한 휴양시설이 들어서게 한다는 것이다. 이렇게 해서 모든 집들이 자신만의 해변을 갖게 되는 팜 아일랜드의 디자인이 완성되었다. 이런 것이 바로 창의력의 힘이 아닐까?

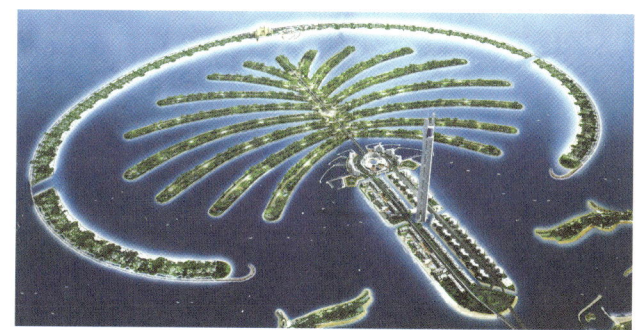

팜 주메이라

팜 제벨알리

팜 데이라

인공 섬에 있는 고급 빌라

　야자수 모양을 한 인공 섬은 모두 3개로, 그 가운데 가장 먼저 공사가 시작된 '팜 주메이라'는 인공 섬 가운데 가장 작은 크기이다. 지름 5.5km, 면적 25km²에 줄기 부분과 17개의 야자수 잎, 그리고 초승달 모양의 방파제로 구성되어 있다. 최고급 호텔과 3가지 타입의 빌라들, 해안선을 따라 아파트가 들어선다.

　여기에 고급 레스토랑과 카페는 물론이고 다양한 쇼핑센터와 요트 선착장도 세울 계획이다. 특히 팜 주메이라는 영국의 축구 선수인 데이비드 베컴과 세계적인 엔터테인먼트인 마돈나 등이 고급 빌라를 구입하여 큰 화제가 되기도 했다. 팜 주메이라는 공개된 지 3주 만에 분양이 완료되었다.

　팜 주메이라보다 조금 더 큰 '팜 제벨알리'도 줄기 부분과 17개의 야자수 잎, 그리고 초승달 모양의 방파제로 이루어져 있다. 지름 7.5km, 면적 52.5km² 규모이며, 섬 한복판에는 고층 빌딩으로 이루어진 중심가가 조성된다. 또 야자수 잎 부분과 초승달 방파제 부분에 '바다 마을(Sea Village)'이라 이름 붙인 6개의 보트 선착장과 수상 주택, 수상 공원까지 지어질 예정이라고 한다.

지름 14.5㎞, 면적 200여㎢로 가장 규모가 큰 '팜 데이라'는 야자의 줄기 부분과 41개의 야자수 잎, 그리고 초승달 모양의 방파제로 구성된다. 주거 지역은 잎 부분에 들어서며, 총 8,000개의 2층짜리 타운 하우스가 지어질 예정이다.

뉴욕의 맨해튼보다 크다는 팜 데이라는 워낙 규모가 커서 현재 공사 진척에 약간 어려움을 겪고 있다고 한다. 하지만 두바이 당국과 셰이크 모하메드의 의지가 워낙 강해 공사가 실패할 거라고 생각하는 사람은 거의 없다. 불가능을 가능하게 하는 것이 두바이 프로젝트의 특징이기 때문이다.

또 하나의 세계, 더 월드

팜 아일랜드 4개의 인공 섬들 가운데 가장 흥미진진하고 재미있는 아이디어가 반짝이는 섬이 바로 '세계(The World)'라고 할 수 있다. 섬 모양 자체부터 재미있고 동심이 가득한 상상력이 발휘되었다. 다른 3개의 섬이 아름다움과 실용성에 맞춘 디자인이라면 더 월드는 아름다움과 실용성에 흥미로움까지 더한 것이다.

해안에서 8km 떨어진 바다 위에 만들어지고 있는 '더 월드'는 말 그대로 '세계'이다. 가로 9km, 세로 6km, 면적 50㎢의 원형 해상을 조성하고 300개의 크고 작은 섬을 만들고 있다. 그것도 그저 만드는 것이 아니라 세계 지도 모양으로 만든다고 한다. 이곳에는 아시아, 아

더 월드의 모형.
오른쪽 작은 박스 안에 한국 섬이 보인다

프리카, 유럽, 남북 아메리카, 오세아니아 등 지구의 6대륙 국가를 본떠서 만들고 있는데, 물론 우리나라도 포함되어 있다.

미국이나 중국처럼 큰 나라는 여러 조각으로 나뉘어 있지만, 우리나라는 그대로 하나의 섬이다. 누구든 먼저 사는 사람이 대한민국 전체를 가질 수 있다. **중동 앞바다에 떠 있는 자기 나라 모양의 섬이라면 세계인 누구나 사고 싶지 않을까?** 2008년 완공할 계획인 더 월드의 섬들은 이미 많은 곳의 분양이 끝났다.

한국 섬의 면적은 9,000평, 값은 약 240억원으로 알려져 있다. 아직 팔리지 않았으니 우리에게도 기회가 있는 것이다. 우리나라 모양을 한 환상의 섬을 가지는 것은 생각만 해도 신나고, 흥분되는 일이 아닐 수 없다.

4 상상할 수 있는 모든 즐거움, 두바이랜드

지금까지 어른들이 눈독을 들일 만한 프로젝트들이었다면, 이번에 소개할 곳은 그야말로 어린이들의 천국이 될 공간이다. 세계 어린이들의 창의력을 쏟아 부은 듯한 이곳, 바로 '두바이랜드'다.

두바이에서 아부다비 방향으로 가는 사막 한가운데 만들고 있는 '두바이랜드'는 두바이 정부가 '2018년까지 관광객 유치 1억 명 달성'을 목표로 힘을 쏟고 있는 세계 최대 테마파크다. 미국 디즈니랜드의 8배에 가까운 초대형 테마 공원으로 대형 유리 돔 안에 인공으로 조성한 열대우림과 스키 슬로프, 각종 놀이시설과 박물관 등으로

두바이랜드의 팰콘 시티 모형도

꾸며진다.

2018년까지 모든 공사를 끝낼 계획인 두바이랜드를 자세히 살펴보면 더욱 흥미롭다. 우선 '어트렉션 익스피어리언스 월드'에는 우주과학박물관, 실내 인공스키장, 실내 초대형 인공파도 풀장이 들어선다. '스포츠 아웃도어 월드'에는 롤러 블레이드 등 스포츠 시설과 종합운동장, 자동차 경주장, 폴로 경기장, 18홀 골프 코스가 각각 들어선다. 어린이는 물론 20대, 30대 심지어 노년층까지 모든 연령층이 환호할 다양한 종합 놀이시설 세트라고 할 만하다.

이밖에 '에코 투어리즘 월드'에는 동물원, 공룡 월드, 과학역사박물관, 모래언덕호텔, 사막 사파리 등 12개 자연체험장을 만든다. 신나게 놀기만 하는 것이 아니라 즐거움 속에 학습효과를 꾀할 수 있는 공간 역시 적절하게 배려해 놓았다.

특히 두바이랜드 안에 15억 달러를 들여 총 400만㎡의 땅 위에 세워질 '기적의 팰콘 시티' 테마파크는 고대 이집트의 피라미드, 바빌론의 공중정원, 알렉산드리아의 등대, 중국의 만리장성, 프랑스의 에펠탑, 인도의 타지마할, 그리고 이탈리아의 피사의 사탑 등 '세계 7대 기적'을 도시 안에 그대로 복원할 예정이다. 세계 일주를 해야 볼 수 있는, 아니 이미 사라져 볼 수 없는 것까지도 두바이의 테마파크에서 직접 보고 느낄 수 있게 된다. 특히 피라미드, 공중 정원, 등대는 실제 건축물과 똑같은 크기로 만든다고 하니 생생한 감동을 그

두바이랜드 안에 지어질 스포츠시티의 조감도

대로 즐길 수 있을 것 같다. 전체적인 구조와 모형이 거대한 매(팰콘)가 땅에 내려앉은 듯한 모양이 된다고 해서 팰콘 시티라는 이름이 붙여졌다.

두바이랜드가 완공되면 하루 평균 20만 명, 연간 7,280만 명에 달하는 관광객이 몰려올 것이라 한다. 2018년이 되면 전 세계의 어린이들이 가장 가보고 싶어 하는 테마파크가 디즈니랜드가 아닌 두바이랜드가 될 것이 분명하다.

5 한 가지 풍경으로는 지루하다, 회전주택

매일 새로운 계획들이 발표되는 두바이에는 꼭 엄청난 크기의 건축물만 올라가는 것은 아니다. 일반 사람들이 살아가는 평범한 주택도 짓고, 사무실도 짓는다.

하지만 이들의 특징은 '독창적'이어야 한다는 것이다. 작은 주택 하나를 짓더라도 참신하고 획기적인 창의력이 돋보여야 건축이 가능하다고 한다.

최근에 발표된 15층 건물은 360도 회전을 하는 전망식 주택이란 점에서 사람들의 주목을 받고 있다. 두바이에 위치한 부동산 개발회사가 계획하고 있는 이 건물은 모두 15개 층인데, 그 중에서 위쪽 5

개 층을 하루 최대 6바퀴의 회전이 가능하도록 만든다는 것이다.

입주자들은 집이 360도 돌아가는 데 걸리는 시간을 3시간, 6시간, 12시간, 24시간 중에서 선택할 수 있다. 잠시 책을 읽다 문득 창 밖을 보았을 때 전망이 바뀌어 있다니 상상만으로도 놀랍고 신나는 일 아닌가?

15층 건물의 위쪽 5개 층이 회전한다

독일산 기계장치를 사용하는 '360도 회전식 고층 주택'은 2006년 8월 공사를 시작해 18개월 동안의 공사기간을 거쳐 2008년에 완공될 예정이다.

이 건물은 벌써부터 돈 많은 아랍 부자들의 인기를 끌고 있는데, 최상층에 있는 펜트하우스는 이미 사우디아라비아 왕자가 약 2,500만 디르함의 가격에 구입했다.

사우디아라비아 왕자가 구입한 집은 차량 전용 엘리베이터와 3개의 주차장을 갖추게 된다고 한다.

이런 주택을 기획한 파이잘 아리 무사 씨는 독일에서 단독 빌라가 360도 회전하는 모습을 보고 아이디어를 얻었다고 한다. 그의 야심은 대단하다.

자신의 작품인 이 회전식 고층 주택을 버즈 알 아랍 호텔이나 버즈 두바이에 못지않은 두바이의 상징적인 건축물로 만들겠다는 구상이다.

첫 번째 건물의 위치는 두바이에서도 부자동네로 불리는 주메이라 주거단지 남쪽이지만, 앞으로 계속해서 두바이 곳곳에 비슷한 건물을 지을 예정이라고 한다. 몇 년 지나지 않아 두바이에서는 빙빙 돌아가는 집이 그저 평범하게 느껴질지도 모르겠다. 두바이에서는 상상력도, 꿈도 그 한계가 없는 것 같다.

물의 도시, 하이드로폴리스

 사막과 해안. 두바이에서는 개발할 수 있는 모든 곳에 이미 대형 공사가 진행 중이다. 그렇다고 '이제 충분하니 쉬어가자'고 한다면 그것은 더 이상 우리가 배우고 있는 두바이가 아니다.

두바이는 이제 바다 속까지 그 창의력의 영역을 넓혀가고 있다. 두바이의 국토라면 그곳이 비록 바다 속이라 할지라도 결코 헛되게 내버려두지 않겠다는 것이다. 주메이라 해변에서 200m 떨어진 곳에는 해저 20m에 세계 최초의 해저 호텔인 하이드로폴리스 건설이 추진되고 있다. 모두 5억 5,000만 달러가 투입되어 건설될 이 물의 도시가 완공되면 팜 아일랜드와 버즈 알 아랍 호텔과 더불어 바다를 이용한 모든 가능성이 현실로 나타나게 되는 것이다. 두바이는 이 3개의 명물들을 연결시켜 대규모 해양공원도 건설할 계획을 잡고 있다.

하이드로폴리스는 객실 220개를 갖춘 초호화 특급 호텔로, 별 7개를 자랑하는 버즈 알 아랍보다 더 화려하고, 더욱 완벽한 시설을 갖출 것이라고 한다. 220개의 객실 모두를 금, 대리석, 수정 등 고급스럽고 호화스러운 자재들로 꾸미고 스파, 컨벤션, 해저 빌라 등 각종 부대시설도 들어설 것이다. 또한 육지와 호텔을 잇는 300m의 해저 터널과 잠수함 선착장까지 갖추게 되어 그 바닷길만으로도 훌륭한 관광지가 될 예정이다. 물론 고급 식당들과 쇼핑센터가 들어선다는 것은 당연한 일이다.

바다 속 깊은 곳에 건물을 짓는다는 것은 많은 어려움이 따르는 일이다. 우선 그 엄청난 수압 때문에 보통의 유리나 자재들을 사용해서는 몇 시간도 버티지 못하고 깨져버릴 것이다. 그렇다고 유리가 없다면 바다 속에 호텔을 지은 보람이 없어지게 된다. 그래서 이 호텔은 외부를 18㎝ 두께의 투명 유리로 둘러싸고, 콘크리트와 철재, 그리고 플랙시 글라스라는 비행기 창문용 강화 아크릴유리를 사용해 튼튼하고 안전하게 지어질 예정이라고 한다.

하지만 아무리 튼튼하고 안전하게 지어진다해도 몇 시간 이상 바

해저호텔인 하이드로폴리스 조감도

다 속에 있다 보면 사람들은 갇혀 있다는 심리에서 오는 불안감을 느낄 수 있다. 항상 타고 다니던 엘리베이터가 문득 무섭게 느껴지거나 답답하다고 느낀 경험이 있을 것이다.

밀폐되어 갇혀 있다는 심리는 사람들에게 불안감을 느끼게 한다. 그런 관광객들의 혹시 있을지도 모르는 불안감을 미리 예방하기 위해 호텔 내부에 인공으로 낮과 밤을 연출하는 조종 장치를 갖춘다고 한다.

바다 속이 무서운 이유는 갇혀 있다는 점 때문이기도 하지만, 빛이 자연스럽게 들어오지 않아 시간이 얼마나 지나갔는지 알지 못하는 데서 더 큰 두려움을 느낀다. 인공으로 낮과 밤을 연출해 시간의 흐름이 느껴지면 사람들의 두려움은 거의 사라질 것이다.

이런 부분까지 신경 쓰는 두바이 정부의 세심한 배려가 돋보인다. 이 호텔이 완공되어 문을 열게 되면 두바이는 세계 최대의, 그리고 사막, 해변, 바다 속이라는 3박자의 완벽한 조화가 돋보이는 유일한 해양 파크를 소유한 나라로서 그 이름이 다시 한 번 드높아질 것이다.

7 잠들지 않는 나라 두바이

두바이에서는 이런 엄청난 계획들 외에도 다양하고 멋진 계획과 공사들이 끊임없이 발표되고, 진행되고 있다. 두바이는 나라 전체가 공사장이라고 해도 과장이 아닐 정도이다. 전 세계 타워 크레인의 20%가 두바이에 몰려 공사 중이라고 하면 그 규모가 어느 정도인지 상상이 될까?

두바이는 결코 잠들지 않는다. 그들은 한 시도 쉬지 않고 앞으로 나아가고 있다. 현재 두바이의 인구는 약 140만 명으로 추정되고 있다. 하지만 이 중에서 순수한 두바이 사람, 즉 현지 외국인들로부터 '로컬'이라고 불리는 사람은 30만 명도 채 안 된다. 이들은 대부분

인공낙원에서 살고 있다. 한때는 결혼선물로 셰이크 모하메드로부터 10만 달러와 빌라 한 채를 선물받기도 했다.

이렇게 풍요로운 생활을 하게 해주는 셰이크 모하메드에 대한 국민들의 신임과 존경은 절대적일 수밖에 없다. 미래에 대한 걱정 없이 평화롭게 살게 해주는 지도자를 존경하지 않을 사람이 있겠는가? 그래서인지 두바이 곳곳에는 셰이크 모하메드의 초상화가 걸려 있다.

지도자의 초상이 줄줄이 걸려 있는 것이 언뜻 사회주의국가를 생각나게 한다. 사회주의국가는 우리에게 가난하다는 느낌을 준다. 하지만 두바이는 사회주의국가도 아니고, 가난하지도 않다. 국민들 모두가 자유롭고 풍요롭다.

두바이 국민들은 '지도자의 모든 계획은 국민을 위한 것'이란 절대적인 믿음을 가지고 있다. 두바이에서는 셰이크 모하메드가 입을 열면 명언이 되고, 구호가 된다. 그는 선천적으로 불가능과의 전쟁을 즐긴다.

셰이크 모하메드는 "나는 도전을 좋아한다. 불가능한 것을 보면 그것을 가능한 것으로 만들고 싶어진다. 어떤 꿈이든 현실화 시킨다"라고 말했다.

어느 잡지와의 인터뷰에서는 "내 아버지는 역사가 씌어지길 기다리지 않았다. 그는 역사를 만들었다. 다른 사람이 우리에 대해 쓰기 전에 우리가 먼저 역사를 썼다"라고 말했다.

두바이의 야간 경마 모습

또 다른 잡지에서는 "누구든 10년 앞에 무엇이 벌어질지 예언하기는 불가능하다. 그러나 한 가지는 말할 수 있다. 앞으로 3년 이내에 두바이는 지금보다 2배는 더 부유해질 것이다"라고 선언했다.

그리고 그의 예언은 그대로 지켜졌다. "중동 붐은 이제 시작일 뿐이다." "두바이에서 지금 벌어지고 있는 현상은 내가 계획한 것의 10%에 불과하다. 나는 빨리 나머지도 보고 싶다."

셰이크 모하메드의 말에는 거침이 없지만, 결코 경솔하지 않다. 그는 신중히 생각한 후 말하고, 자신이 한 말은 반드시 지키고 있는 것이다.

셰이크 모하메드는 개인적으로 약 4,000필의 말을 보유하고 있는 지독한 경마 매니아다. 그는 경마대회를 유치하고, 뜨거운 사막에 스키장을 만든 이유에 대해 이렇게 말한다. "스포츠로 세계를 제패할 수 없다면 스포츠로 세계인을 끌어들이는 전략은 어떠한가?"

셰이크 모하메드는 자신감으로 가득 차 있다. 그는 "비판과 반대는 항상 존재하게 마련"이라며 "불가능을 가능으로 바꾸는 나의 철학에는 변함이 없다"고 말했다. 또 "두바이가 세계의 자본가들을 필요로 하는 것이 아니라 세계의 자본가들이 두바이를 필요로 하도록 만들겠다"며 흔히 말하듯 "두바이는 세계적인 도시"에서 만족하지 않고 "두바이가 세계 그 자체"라는 말을 듣도록 하겠다고 덧붙였다.

여기서 또다시 드는 의문은 단지 기발하고 독창적인 건축물과 관광지만으로 자신하기에는 조금 무리한 생각이 아닐까 하는 것이다. 아무리 많은 관광객을 불러들인다고 해도 '세계 그 자체'가 되기에는 부족하다. 셰이크 모하메드 역시 그 사실을 잘 알 텐데, 어떤 전략이 있기에 이렇게 자신만만한 것일까?

이 궁금증을 풀려면 셰이크 모하메드가 추진하고 있는 두바이의 세계화 전략에 대해 좀 더 자세하게 알아봐야 한다.

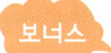

초고층 빌딩의 역사

　우리가 알고 있는 가장 오래된 초고층 빌딩은 바벨탑이다. 성경에 나오는 이 빌딩은 교회를 다니지 않는 친구들이라도 한 번씩은 들어본 전설 속의 빌딩이다.

　하늘나라까지 닿는 빌딩을 짓고 싶은 인간의 욕심으로 시작된 이 빌딩의 공사는 하느님의 노여움으로 끝내 완성되지 못하고 무너지고 말았다.

　그 후 아주 오랜 시간이 지나 사람들은 다시 하늘을 향해 건물을 쌓아 올리기 시작했다.

　이제 과학이 발전해 하늘나라까지 닿는 빌딩은 지을 수 없다는 것을 잘 알지만 지상에 사는 사람들 그 누구보다 더 높은 곳에 살고 싶은 욕망으로, 그 어느 나라보다 더 높은 빌딩을 지을 수 있다는 나라 간의 자존심의 표현으로 오늘도 '높이! 더 높이!'를 외치며 초고층의 빌딩들은 하늘을 향해 올라가고 있다.

보너스

엠파이어스테이트 빌딩

이런 초고층 빌딩의 선두주자는 미국이었다. 1931년 4월 30일 저녁, 뉴욕 맨해튼 34번가에는 102층에 381미터의 높이를 자랑하는 세계에서 가장 높은 빌딩인 '엠파이어스테이트 빌딩'이 준공식을 가졌다.

맨해튼을 한 눈에 볼 수 있는 이 빌딩은 세계인의 관심 속에 41년간이나 세계 최고 높이로 그 위상을 떨치게 된다.

1972년, 맨해튼 남쪽에 지금은 사라지고 없는 세계무역센터 쌍둥이 빌딩이 들어선다. 110층에 417미터로 엠파이어스테이트 빌딩의 세계 최고층 자리를 빼앗았다.

하지만 이 자리는 2년이 지난 1974년 시카고에 시어스 타워(110층, 443미터)가 들어서며 빼앗기고 만다. 시어스 타워는 이후 24년간 왕좌를 지킬 수 있었다.

미국만 초고층에 욕심을 낸 것은 아니다. 1998년 말레이시아에

쿠알라룸푸르 시티 센터(KLCC)가 건설된다. 이 빌딩은 88층 규모지만 높이는 무려 452미터로 시어스 타워의 타이틀을 빼앗으며 그 동안 미국에서 보유하고 있던 세계 최고 높이의 명성까지 빼앗아 왔다.

초대형 옥수수 2개를 세워 놓은 듯한 이 빌딩은 우리나라 삼성물산이 한 동을 짓고, 다른 한 동은 일본의 건설사가 지었다.

말레이시아 쿠알라룸푸르에 있는 KLCC 빌딩

이때를 기점으로 초고층 경쟁은 미국에서 아시아로 넘어오게 된다.

말레이시아에 이어 중국에서도 상하이에 초고층 빌딩을 지어 올린다. 이 진마오 타워는 아깝게도 KLCC 빌딩보다 31미터가 낮아 최고 높이 빌딩 타이틀을 뺏지는 못했다.

현재 세계 최고 높이 빌딩은 대만에 있는 '타이베이금융센터 101빌딩'으로 101층에 508미터의 높이다. KLCC보다 50미터 가

보너스

타이베이 금융센터

량 높아 세계 최고 자리를 차지했다. 이 빌딩의 마감 공사도 삼성물산이 맡았다고 한다.

하지만 이 엄청난 높이의 타이베이금융센터는 세계 최고 자리에 그리 오래 있을 것 같지 않다. 2008년이면 무려 160층에 높이가 800미터에 이르는 두바이의 '버즈 두바이'가 완공되면 타이베이금융센터는 더 이상 챔피언 자리에 있을 수 없게 된다.

이밖에도 세계 여러 나라들은 경쟁하듯 초고층 빌딩을 짓고 있다. 러시아는 125층에 649미터 높이의 '타워 오브 러시아'를 짓고 있고, 중국은 상하이에 101층에 492미터의 '세계 금융센터'를 짓고 있다.

미국 또한 9.11테러로 무너진 쌍둥이 빌딩 자리에 '1776 프리덤 타워'를 지을 예정인데, 이 빌딩은 안테나 높이를 포함해 610미터에 이를 전망이다. 터키도 이스탄불에 150층짜리 초고층 빌딩을 지을 예정이다.

이런 세계적인 초고층 열풍에 우리나라도 구경만 하고 있지 않다. 우리나라에는 현재 가장 높은 빌딩이 249미터 높이의 63빌딩이다. 249미터는 다른 나라의 초고층 빌딩에 비하면 여간 초라한 성적이 아닐 수 없다.

현재 인천 경제자유구역 송도국제도시에 지을 예정인 '인천 타워'는 쌍둥이 빌딩으로 버즈 두바이에 이어 세계에서 두 번째로 높은 151층, 610미터 높이로 건설될 예정이다.

버즈 두바이 조감도

이 엄청난 인천 타워 계획 외에도 서울에서 112층, 555미터 높이의 '잠실 제2롯데월드'와 120~130층, 540미터 높이의 상암동 'DMC 랜드마크빌딩', 한국철도공사가 한강로2가에 지을 예정인 100층, 350미터의 빌딩, 부산에 선설 예성인 107층, 494미터의 '부산 제2롯데월드', 110층, 500미터 높이의 '월드비즈니스센터 부산' 등이 추진 중에 있다.

보너스

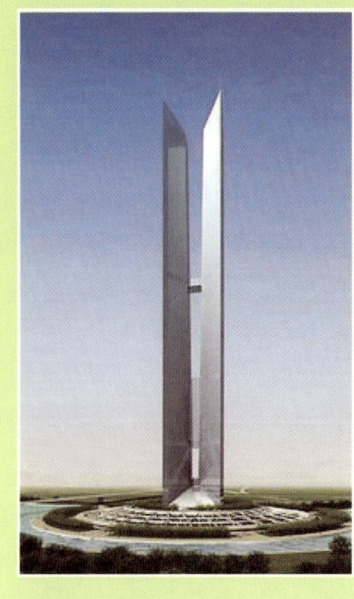
인천타워 조감도

우리나라에 아직까지 초고층 빌딩이 없지만, 세계적인 초고층 빌딩을 우리나라 건설사가 지었다는 사실로 볼 때 우리나라에 들어설 초고층 빌딩의 위세는 당당하고 멋질 것이 분명하다.

두바이처럼 생각하라

세계의
모든 길은 두바이로 통한다

제 **5** 장

1 부자들이 모여야 부자나라를 만든다.
두바이의 부자 마케팅

두바이에는 총 금융자산이 100만 달러가 넘는 부자가 1만 6천 명이나 있다고 한다. 이것은 전체 인구의 1.33%로, 미국이나 홍콩보다 훨씬 부자가 많다는 결론이다. 즉, 두바이 국민 75명 중 1명은 백만장자라는 뜻이다.

이들이 이렇게 부자가 될 수 있었던 이유가 뭘까? 석유를 팔아 단숨에 부자가 된 것이 아니라는 것을 이미 알고 있다. 두바이의 석유 의존도는 2003년 이미 6% 아래로 떨어졌다. 석유 이외의 것으로 94%의 돈을 벌어들인다는 뜻이다.

작고 가난했던 사막의 어촌 마을에 불과했던 두바이가 불과 몇 년 사이에 세계적인 상업도시가 되고, 전 세계에서 몰려온 기업과 관광객들로 넘쳐나고 있다. 기업들은 다시 두바이의 경제발전을 위해 투자를 하고, 관광객들은 돈을 쓰고 돌아간다. 세계의 부자들이 두바이에 돈을 쏟아 붓고, 두바이 사람들은 그것으로 인해 더욱 부자가 되고 있다.

두바이의 여름은 고온 건조한 사막 기후이다. 우리나라처럼 한두 달 덥다가 시원한 바람이 불어오는 날씨가 아니라 일 년 내내 뜨거운 열기로 숨이 막히는 곳이다. 이런 최악의 기후에도 불구하고 두바이에는 전 세계에서 몰려든 사람들로 붐빈다. 날씨 따위는 신경 쓰지 않을 만큼 매력적인 무엇인가가 두바이에 있기 때문이다.

부자들은 함부로 돈을 쓰지 않는다. 돈에 관한한 가난한 사람들보다 더욱 아끼고, 손해 보는 것에 벌벌 떤다. 부자여서 돈을 아끼는 것이 아니라, 돈을 아끼고 알뜰하게 쓰기 때문에 부자가 되는 것이다.

세계의 부자들이 두바이로 몰려드는 까닭은 무엇일까? 왜 그들은 많은 돈을 싸들고 두바이로 가서 아낌없이 투자를 하는 것일까? 여기에서 다시 셰이크 모하메드의 창의적인 능력을 발휘한다. 셰이크 모하메드는 '부자 마케팅'이라는 두바이만의 투자유치 방법을 찾아냈다.

두바이 쇼핑 페스티벌의 마스코트가 도로 표지판 위에 놓여 있다

두바이는 부자들을 끌어들이고, 그들의 투자를 성공적으로 이끌어낼 수 있도록 최대한의 배려를 하고 있다. 일단 두바이에는 세금이 없다. 개인소득세도 없고, 법인세도 없다. 개인이든 기업이든 돈을 벌어도 세금을 부과하지 않는다. 대부분의 나라에서 모든 상품에 자동적으로 붙어 나오는 부가가치세도 기본적으로 없다. 그러니 세계의 자본가들이 몰려들어 적극투자를 안 할 수 없다. 얼마를 벌든 세금을 한 푼도 안 낼 수 있다니 얼마나 매력적인가?

 세계 어느 나라를 둘러봐도 세금이 없는 나라는 없다. 우리가 문구용품을 살 때도 세금을 내고, 엄마가 옷을 살 때도 세금이 붙어 있다. 아빠가 월급을 타시면 세금부터 떼고 나온다. 그래야만 거두어들인 세금으로 길도 새로 만들고, 나라도 지키는 등 나라 운영을 할 수 있기 때문이다. 나라를 운영하는데 있어 세금은 절대 없어서는 안 될

두바이의 고급 쇼핑가

중요한 수입원이다.

그런데 두바이에는 세금이 없다니, 도대체 무슨 돈으로 나라 살림을 한단 말인가? 대답은 생각보다 간단하다. 나라에서 돈을 벌고 있기 때문이다. 세금을 걷지 않아도, 나라를 운영할 돈을 나라가 직접 벌어들이고 있다.

두바이는 나라 자체가 거대한 기업이나 마찬가지라고 할 수 있다. 국가가 항공사, 정유사, 부동산 개발회사를 운영하면서 그곳에서 나오는 수익으로 나라를 운영하고 있다. 정부가 벌어들인 돈으로도 나라 운영에 드는 비용을 충당하기에 충분하기 때문에 세금이 절실하게 필요하지 않다. 그런 여유로움으로 세금을 면제해주면서 더 많은 외국 투자자를 끌어 모으고, 그로 인해 나라 안의 수입이 많아지고, 더 발전하는 기분 좋은 순환이 되는 것이다.

그렇다고 해서 단지 세금이 없다는 이유만으로 많은 자금이 두바이로 몰리는 것은 아니다. 세금이 없는 것만으로 위험한 투자를 할 사람은 없기 때문이다.

더욱 중요한 것은 투자자들에게 손실을 입혀서는 안 된다는 점이다. 한번이라도 투자에 실패하게 되면 그 투자자는 다시는 두바이로 돌아오지 않을 것이 뻔하기 때문이다. 그 한 사람의 실패는 소문이 되고, 다른 부자들까지 투자를 망설이게 된다면 그야말로 큰일이 된다. 그래서 두바이 정부는 외국 투자자들이 성공하도록 적극적이며 효과적인 지원을 아끼지 않는다. 정부가 나서서 도와주고, 사업하는 데 불편함이 없으며, 세금까지 없다면 누구라도 자신의 금고를 통째로 내놓고 싶지 않겠는가?

두바이는 9.11테러와 이라크 전에도 불구하고 중동에서 가장 안전한 곳으로 인식되고 있다. 미국에 투자하기는 껄끄럽고, 중동 지역은 불안한 감정을 갖고 있는 사우디아라비아, 쿠웨이트, 이란 등 인근 국가의 부자들이 편안하고 안전한 두바이에 자신들의 재산을 투자하기 위해 몰려들고 있다.

그들을 더욱 확고하게 잡아두기 위해 두바이 정부는 세계 금융 중개지가 되기 위한 노력에도 힘을 기울이고 있다. 2003년 9월, 두바이에서 열린 IMF 연례총회를 계기로 두바이 국제금융센터를 건립하여 아랍 세계의 금융 중심지 역할을 하기에 충분한 환경을 만들어 놓았다.

이제 두바이는 영국 런던과 스위스 취리히에 이어 세계에서 세 번째로 많은 양의 금이 거래되는 곳이기도 하다. 이렇게 세계의 자본과 부자가 몰리고, 이들이 고급 아파트와 주택을 너도나도 구입하면서 덩달아 부동산 가격도 크게 올랐다.

부자들이 많이 살면 최고급 쇼핑센터는 필수. 시내 곳곳에 들어선 세계적 명품 매장이 두바이의 부자들과 관광객들의 지갑을 열게 한다. 두바이는 그것으로 만족하지 않고 세계 쇼핑객들을 끌어들이기 위한 대규모 바겐세일 행사도 한다. 겨울에 이어 여름에도 열리는 '두바이 쇼핑 페스티벌' 기간에는 온 나라가 세일 축제에 들어가며, 2004년의 경우 151만 명이 몰려와 4,200억 원을 쓰고 갔다.

세계의 부자들이 몰려와 투자를 하고, 관광을 하고, 쇼핑을 한다. 두바이에서 돈을 펑펑 쓰고 있다. 두바이가 부자가 될 수밖에 없는 이유이다.

❷ 세계 최고의 홍보 집단, 두바이의 홍보 전략

오늘날 두바이의 성공 비결은 뭐니 뭐니 해도 홍보의 성공에 있다고 할 수 있다. 아무것도 없는 사막 한가운데 아무리 아름다운 호텔을 짓고, 엄청난 규모의 스키장을 만든다고 해도 널리 알리지 않으면 누가 알고 찾아오겠는가? 꿈의 도시를 만드는 것만큼 중요한 것이 그것을 널리 알리는 것, 즉 효과적으로 광고하는 것이다.

현대사회는 광고의 홍수 속에 살고 있다고 해도 과언이 아니다. 세계는 더 강한 이미지로, 더 확실하게 사람들의 뇌리에 인상을 남기기 위해 치열한 광고전을 벌이고 있다.

우리나라에서도 너무 지나친 광고 때문에 뉴스와 인터넷이 시끄러운 경우를 종종 보게 된다. 요즘 사람들은 자극적인 것들에 너무나 익숙해져 있어 보통의 자극으로는 눈길을 끌기조차 힘이 드는 게 현실이다. 때문에 조금이라도 더 눈길을 잡기 위해, 좀 더 흥미를 끌기 위해 때로는 실수로, 때로는 계획적으로 논란이 될 만한 광고를 만들어내는 것이다.

관광도시의 소비자는 바로 관광객이다. 요즘에는 국가가 나서서 TV 광고까지 하며 자신의 나라로 오라고 유혹한다. 우리도 TV에서 자주 여러 나라의 광고를 본다. 세계의 수많은 관광지, 유적지, 호텔 등 세계는 넓고 가보고 싶은 곳은 너무 많다. 이럴 때 우리의 선택에 효과적으로 작용해주는 것이 광고이다. 좀 더 흥미로운 볼거리가 있는 곳, 좀 더 편리하게 다닐 수 있는 곳, 그런 확신을 주는 광고를 접하게 되면 우리의 선택은 그곳으로 향하게 된다. 다양한 소비자인 관광객의 입맛과 눈길을 잡으려면 그들의 호기심을 자극해야 한다.

셰이크 모하메드는 외국인의 눈길을 잡아당기지 못하면 실패할 것이라는 걸 알고 있었다. 그래서 '세계 최초, 세계 최고, 세계 최대' 라는 엄청난 구호를 만들었고, 세계 최고의 기업과 자본으로 하여금 군침을 흘리도록 만들기로 했다.

대대적이고 창의적인 국가 이벤트 홍보로 세계적인 이목을 집중시키고, 쇼핑 페스티벌과 세계적인 스포츠 경기를 주기적으로 개최하고, 7성 호텔인 버즈 알 아랍을 비롯한 각종 관광자원을 조성하여 관광객들을 유혹했다.

셰이크 모하메드의 세계적인 홍보 마케팅은 어느 홍보 전문회사보다 탁월한 기법을 자랑한다. 우선 각 업계의 간판기업부터 끌어들임으로써 다른 기업이 따라 들어오지 않을 수 없도록 만들었다. '큰 놈부터 잡으면 작은 놈은 저절로 잡힌다' 는 전략을 그대로 잘 이용한 셈이다.

가령 두바이에 있는 인터넷 시티를 비롯한 자유지역에는 마이크로소프트, 시스코, CNN, 로이터 등 세계적인 회사들을 먼저 끌어들였다. 세계적인 기업이 입주한 곳에는 그보다 작은 기업들은 앞다투어 들어오려 하기 마련이다. 최고의 옆에 있어야 자신들도 최고가 될 수 있음을 알기 때문이다.

'세계 최초, 세계 최대, 세계 최고' 라는 타이틀도 대외홍보에 커다란 효과를 주었다. 세계 최초의 7성급 호텔인 '버즈 알 아랍' 과 세계 8대 불가사의로 이름 붙여진 '팜 아일랜드' 등은 여러 나라의 휴양 리조트에 흥미가 떨어진 유럽 부호들에게 신선한 자극을 주면서 단기간에 광고 효과를 보는데 성공했다.

이를 알리기 위해 해외 유명 스타들을 동원한 각종 이벤트와 대규

버즈 알 아랍 호텔.
작은 사진은 테니스 경기를 벌
이고 있는 헬리포트

모 국제행사도 끊임없이 개최했다. 2004년 '두바이 데저트 클래식 대회'에 참가하기 위해 두바이에 온 세계적인 프로 골퍼 타이거 우즈가 버즈 알 아랍의 28층에 설치된 헬리콥터 승강장에서 걸프 만을 향해 드라이브 샷을 날렸다.

그림 같은 호텔에서 바다를 향해 공을 날리는 타이거 우즈의 모습은 수많은 방송과 신문, 잡지 등을 통해 전 세계에 보여졌다. 그 아름다운 사진 한 장이 두바이에 대해, 그림 같은 호텔 버즈 알 아랍에 대해, 그리고 타이거 우즈가 참가한 국제 골프대회에 대해 사람들의 관심이 집중되도록 만든 것이다. 하나의 이벤트로 최대의 효과를 누린 대표적인 예라고 할 수 있다.

이밖에 세계의 명마들이 모여 벌이는 600만 달러짜리 경마대회인 '두바이 월드컵 경마', 사라포바와 안드레 아가시를 비롯한 세계 최고의 테니스 스타들이 출전하는 '두바이 듀티 프리 토너먼트', 세계적인 자동차경주대회인 'A1그랑프리 두바이' 등 스포츠 마케팅을 통해 두바이를 역동적이면서도 매력적인 장소로 자리매김하는 전략을 사용했다. 1년 내내 벌어지는 각종 이벤트와 국제 행사로 두바이는 끊이지 않고 세계에 광고가 되고 있다. 이 모든 것이 두바이의 공격적 마케팅 전략에서 나오고 있다.

3 두바이에서 사지 못할 물건이 없다. 두바이의 물류 전략

셰이크 라시드가 생각했던 두바이의 미래상은 바로 '물류의 중심지, 세계 물류의 전초기지'였다. 과거 인도에서 메카로 성지순례를 가던 이슬람교 신자들이 거쳐 가던 곳. 당시에는 원시적인 수준이었던 이 사실 하나만을 가지고 시작된 두바이 드림이다.

현재 걸프 만 일대에서 대형 선박이 정박할 수 있는 유일한 항구인 두바이의 모습은 셰이크 라시드의 미래상에 거의 일치하고 있다. 이세 셰이크 모하메드의 녹특한 창의력으로 그보다 더 멀리 뻗어나가고 있다. 공항과 항구를 연결하고 '자유지역'이라는 파격적인 물류단지가 건설되면서 세금과 금융규제, 노사문제가 없는 기업 천국이

두바이 항구의 컨테이너들

되었다.

두바이 국제공항은 세계 105개 항공사가 145개 노선을 운행하는 중동 지역 하늘길의 중심지일 뿐 아니라 세계에서 성장 속도가 가장 빠른 공항으로 기록되고 있다.

셰이크 모하메드는 항만만 가지고는 이제 더 이상의 발전이 어렵다고 판단한다. 하늘길을 잡아야 두바이 발전에 가속도가 붙을 것이란 생각을 한 것이다.

일단 결단을 내린 그의 행동은 빠르고 신속했으며, 규모 또한 엄청났다. 9.11테러 이후 항공 업계가 극도로 위축되어 있던 2003년 6월, 세계가 깜짝 놀랄 일이 벌어진다. 두바이 정부가 100% 투자해 설립한 항공사인 에미레이트 항공이 보잉과 에어버스 기종을 합쳐 모두

에미레이트 항공 여객기 모습

71대, 금액으로 191억 달러에 달하는 항공기를 주문한 것이다. 한꺼번에 그렇게 많은 비행기 주문을 한 두바이 정부의 자금력에도 놀랐지만 중동 전체의 분위기가 불안한 그때에 거침없이 사업을 벌이는 대담함에 세계인들은 더욱 놀랐다.

현재 에미레이트 항공은 승승장구하며 발전에 발전을 거듭하고 있다. 두바이는 앞으로 초대형 여객기들이 취항할 수 있도록 두바이 국제공항에 대한 대규모 확장공사를 벌이는 동시에, 화물 중심의 제벨알리 국제공항도 별도로 건설하고 있다.

제벨알리 국제공항은 1985년 조성된 걸프 만 최대의 인공항구인 제벨알리 항만의 뒤편에 위치하고 있으며, 제벨알리 자유지역과도 연결되어 있다. 두바이 정부가 세금과 관세를 면제하고 사용 수수료만 받기 때문에 외국기업들은 일단 이곳에 물건을 쌓아놓은 후에 중동 전 지역으로 필요한 양만큼씩 상품을 내보내는 물류창고이자 전진 기지로 활용하고 있다.

이 과정에서 사막의 나라 두바이가 세계적인 꽃 유통시장으로 변화하는 모습까지 볼 수 있다.

네덜란드와 함께 세계적인 꽃 산지로 꼽히는 아프리카 케냐에 직항로가 연결되어 있고, 꽃을 사들이는 세계 각국에 가장 빠른 길을 차지하고 있기 때문에 수출하는 케냐 입장이나 수입하는 나라 입장에서 꽃 거래를 하는데 두바이가 가장 좋은 장소로 인정받은 것이다. 지금까지 꽃 물류의 중심지였던 네덜란드는 어느새 커져버린 두바이 꽃시장의 큰 위협을 받고 있다.

두바이는 물류의 중심기지 역할을 위해서 세계 각국의 과일, 채소, 식품도 관세 없이 수입하여 아주 싸게 공급하고 있다. 중동 이슬람 문화의 금기 식품인 돼지고기와 술도 외국인은 구입할 수 있다.

두바이 정부의 이런 개방된 자세에 이슬람 문화권의 다른 중동 국가들은 많은 비난을 보내기도 한다. 하지만 자기 나라의 입장에서만 사업을 한다면 투자를 하러 들어온 외국인에게 불편을 끼칠 것이 분명하다. 그것은 발전에 큰 걸림돌이 될 것이다.

외국인을 외국인 그대로 받아들이고, 각자의 문화를 인정해주는 열린 마음이 두바이 물류 전략을 더욱 활기차게 만들어 주는 기본 마음가짐인 것이다. 그 마음과 행동에 많은 외국인들이 존경과 감탄사를 보내고 있다. 그들의 목표를 향한 공격적이고 개방된 자세는 처음 셰이크 라시드가 꿈꾸었던 두바이의 미래상보다 훨씬 크고, 발전된 형태를 만들어가는 원동력이 되고 있다.

4 바다, 육지, 그리고 하늘까지, 두바이의 허브 전략

두바이는 중동의 물류 중심지로서의 명성을 넘어 세계 하늘길의 중심으로 자리매김하기 위한 노력을 잠시도 멈추지 않고 있다. 두바이 국제공항은 2004년 이용승객이 2,170만 명에 달했고, 2005년 상반기에는 1,200만 명의 승객이 다녀갔다.

두바이 공항의 이용 승객은 1998년 이후 매년 10~15%씩 증가하고 있는데, 2004년에는 증가율이 무려 20%에 달했다. 국제민간항공기구(ICAO)가 세계 최고의 국제공항으로 인정했을 정도로 고객 서비스도 일류 수준이다.

두바이는 특히 자기 나라 비행기인 에미레이트 항공 고객에게 더욱 특별한 혜택을 주고 있는데, 승객이 내릴 때 공항검색대에서 길게 줄을 서 기다릴 필요 없이 빠르게 통과할 수 있는 티켓을 나눠준다. 시간이 바쁜 비즈니스맨이나 성격이 급한 한국 사람이라면 그 한 가지만으로도 에미레이트 항공을 선택하게 될 듯하다.

그렇다고 다른 항공기 승객들을 길게 줄을 서 오래 기다리게 하거나 여러 가지 검색을 하느라 피곤에 지치게 하지 않는다.

많은 관광객이 끊임없이 쏟아져 들어오지만 워낙 행정 절차가 간편하고, 공항에서 근무하는 사람들의 국적이 70개 나라가 넘어 언어 때문에 우왕좌왕하며 당황하는 일 없이 빠르게 입국절차를 마칠 수 있다. 또한 두바이 공항은 24시간 운영해서 밤 12시가 넘어도 승객들로 북적대고, 면세점은 발 디딜 틈 없을 만큼 쇼핑객들이 넘쳐난다.

두바이는 넘쳐나는 여행객과 화물을 소화하기 위해 40억 1,000만 달러를 들여 제3 터미널 확장공사를 진행하고 있다. 확장이 완료되는 2007년이면 연간 7,000만 명의 승객을 처리할 것으로 예상된다. 이는 세계 최대라는 런던 히드로 공항을 능가하는 규모다.

에미레이트 항공의 신화

두바이에 본사를 두고 있는 에미레이트 항공은 '하늘의 두바이' 라고 표현해도 무방할 정도로 발전하는 모습이 두바이와 닮았다. 빠르고 강한 추진력으로 세계 항공업계를 긴장시키고 있는 것이다. 놀라

항공사로는 유일한 독일 월드컵 공식 후원업체인 에미레이트 항공

우리만치 빠른 성장세를 보이는 실적뿐 아니라 두바이의 발전 전략과 거의 같은 공격적인 경영 전략이 눈길을 끈다.

에미레이트 항공은 1985년 창립 이후 연평균 20% 성장, 18년간 연속 흑자, A380 등 첨단 항공기 최다 보유, 280여 개의 국제 항공상 수상 등 다양한 기록을 보유하고 있다.

2006년에는 항공사 중에 유일하게 독일 월드컵 공식 후원사로 활동해 주목을 받기도 했다. 보유 중인 항공기 나이가 평균 61개월로 업계 평균보다 10년 이상 젊어 안락함과 안정성에서도 단연 우수하다.

에미레이트 항공은 '최고, 최대, 최초'를 지향하는 두바이의 성장 전략을 사업에 그대로 활용하고 있다. 1992년 모든 기종과 좌석에 개인 비디오시스템을 항공업계에서 가장 먼저 설치했다.

일등석에는 업계 최대인 19인치 개인 비디오 스크린이 장착되어 있다. 특히 2005년 5월 1일부터 인천 - 두바이 노선에 매일 취항하면서 우리나라에 들어오는 외국 항공사 중에서 가장 공격적인 마케팅을 벌이고 있다.

'유럽이나 아프리카로 가는 도중 반드시 방문할 가치가 있는 장소'로 두바이가 인식되면서 최근 우리나라 신혼부부들이 유럽을 가는 도중 두바이에 들러 하루를 자고 가기도 한다.

세계 100여 나라 국적에 7,000여 명의 승무원을 두고 있는 에미레이트 항공은 한국인 승무원만 400여 명이 근무하고 있다. 인천 - 두바이 노선에는 최소 3명의 한국인 승무원이 탑승하고 있다. 두바이 말을 하나도 몰라도, 영어가 서툴러도 에미레이트 비행기 안에서는 당황할 일이 없을 것이다.

여기에서 그치지 않고, 에미레이트 항공은 우리나라에 취항하기에 앞서 국내 교수진을 두바이로 초청해 각국 승무원에게 한국인 승객에 맞춘 서비스 교육까지 실시했다. 한국인의 입맛을 겨냥하여 김치, 고추장, 갈비, 미역국, 된장국, 김치볶음밥 등 다양한 메뉴도 제공하고 있다.

우리가 두바이를 배우고 본받아야 할 나라, 많은 돈을 벌게 해주는 나라로 인식하는 만큼 두바이 역시 우리나라를 두바이에 관광 가서 많은 돈을 뿌릴 나라로 인식하고 있다는 뜻이다.

우리나라도 어느새 부자가 많은 나라, 정성을 쏟아야 할 나라로 두바이에 인식되고 있다는 사실에 뿌듯한 마음을 가져도 좋을 듯하다.

하지만 에미레이트 항공이 이렇게 우리나라에 정성을 들인다 해도 우리나라에서 성공하려면 더욱 많은 노력이 필요하다는 지적이 나오고 있다.

우리나라 사람들은 유난히 국적 항공기에 애착이 많은 민족이므로, 우리가 '대한항공'이나 '아시아나항공'이 아닌 '에미레이트 항공'을 선택하게 하려면 한국인 승무원의 수도 늘리고 더욱 파격적인 대우를 해주지 않는 한 힘들 것이라는 것이 전문가들의 견해라고 한다.

공격적이고 획기적인 마케팅도 대한민국의 애국심 앞에서는 힘을 제대로 쓰지 못하는 모양이다. 그러나 그들의 끊임없이 노력하는 자세는 본받아야 할 것이다.

두바이에 가면 두바이 법을 따르라

    두바이에 처음 도착해 업무를 위한 교육을 받기 전, 회사에서 외국의 신입사원들을 위해 준비한 첫 프로그램이 무엇일까요? 바로 두바이 박물관에 데리고 가는 것입니다.

    환영의 의미로 관광시켜 주려는 의도도 있겠지만, 그보다 더 중요한 이유는 다른 환경에서 온 우리들에게 아랍의 문화를 소개하고, 이해를 돕기 위한 의도인 것입니다.

    '로마에 가면 로마 법을 따르라' 라는 말이 있듯이 자국이 아닌 타국에 있을 때는 그들의 문화를 존중해주는 것이 기본적인 방문객으로서의 자세입니다.

    우리나라에서도 윤리와 도덕이 강조되듯이 다른 나라에서도 타인에 대한 배려라든지 공중도덕이라는 것이 중요시됩니다. 특히 중동 지역은 이슬람의 영향으로 인해 지금까지도 상당히 엄격한 금기사항이 많은 곳입니다.

두바이에서 해수욕을 즐기는 사람들

　술이나 돼지고기를 먹는 것도 금지되어 있고, 미혼의 남자와 여자가 공공장소에서 연인들의 행동을 한다는 것은 21세기인 요즘에도 찾아볼 수 없는 모습입니다.
　이슬람 종교의 성스러운 라마단 기간 동안에는 철저히 금식을 하고, 하루에 다섯 번씩 알라신에게 기도를 올리고 있습니다.
　두바이는 최근 유럽인들이 많이 몰려와 아랍의 문화와 유럽의 문화가 조금씩 섞여지고 있지만 그래도 아직까지는 이슬람의 영향이 절대적인 나라입니다.
　며칠 전, 아주 재미있는 뉴스가 있었습니다. 두바이의 유명한

인터뷰

해변인 주메이라 비치에서 유럽의 아줌마들이 '탑리스' 차림으로 수영을 하고 선탠을 하다가 주민들의 신고로 출동한 경찰에 잡혀 갔다는 것입니다.

탑리스, 즉 윗옷을 아예 안 입었다는 뜻이죠. 우리나라에서도 아직까지는 그런 모습을 보기 힘들지만, 유럽에서는 아예 나체로 선탠을 즐기는 사람이 많고, 탑리스 정도는 큰 문제가 되지 않습니다.

그 아줌마들도 자신들의 나라를 생각하고 그런 행동을 한 것이었겠죠.

하지만 이곳은 이슬람 문화권의 두바이랍니다. 세계가 하나가 되고 점점 개방적이 되어간다 해도 남의 나라에 왔다면 그 나라의 법을 지켜주는 것이 기본 예의랍니다.

이런 기본적인 예의조차 지키지 않는다면 그 사람은 다른 나라를 여행할 자격이 없을 뿐 아니라 즐거운 휴가를 경찰서에서 보내게 되는 비극을 맞을지도 모른답니다. 바로 저 유럽 아줌마들처럼요. 남의 문화를 존중하는 것이 우리도 존중 받을 수 있는 길이라는 것을 우리 친구들은 명심하길 바래요.

김지선(에미레이트 항공 승무원)

두바이처럼 생각하라

두바이,
그 꿈의 미래

제 **6** 장

9 꿈을 막아선 현실들

지금까지 두바이의 눈부신 발전과 셰이크 모하메드의 위대한 리더십에 대해 이야기 해왔다. 그것만 보아서는 이제 곧 두바이가 세계의 중심이 될 듯 느껴지기도 한다.

하지만 그들에게도 실수는 있고, 불안한 요소 역시 존재한다. 우리는 그것을 살피고 연구하면서 교훈을 얻어야 한다. 앞서 간 사람의 발자취야말로 우리가 걸어가는 인생에 가장 훌륭한 스승이 되어주기 때문이다.

두바이는 분명 눈부신 발전에 발전을 거듭하고, 국민들 대부분이 부자인 풍요로운 나라이다. 하지만 너무도 급격한 성장 탓에 그 부작용이 나타나고 있는 것도 사실이다.

첫 번째로 문제가 되는 것이 부동산 가격이다. 국토가 작은 나라는 어디든 땅 문제로 고민을 하게 마련이다. 인구는 늘어나는데 땅 크기는 그대로이기 때문에 그 작은 땅을 두고 경쟁하게 된다.

작은 나라가 갑자기 발전해 외국에서 사람들이 몰려들고 국민들이 부자가 된다면 그 심각성은 더욱 커지게 된다. 너도나도 땅을 사두려하니, 땅과 건물은 부르는 게 값일 정도로 금액이 엄청나게 오르게 된다.

국토가 작고 많은 인구가 도시에 몰려 사는 우리나라도 항상 집값 때문에 문제가 많다. 매일 뉴스에서는 강남 집값이 나라를 휘청거리게 한다는 이야기들을 끊임없이 해대고 있다.

사람이 살아가는데 없어서는 안 될 중요한 집이 너무 비싸면 상대적으로 돈이 없는 서민들, 영세 사업가들의 생활은 어려워질 수밖에 없다.

우리나라의 강남 집값처럼 두바이 역시 개발되고 있는 국토 전체의 부동산이 급격히 비싸지면서 뒤늦게 두바이로 들어오려는 외국인들을 망설이게 하고 있다.

집값이 높아지면, 사업을 하기 위해 두바이로 들어오는 기업들은 직원들의 숙소문제 때문에 고민하게 될 것이다. 그것이 더 많은 기업들이 두바이로 진출하는 것을 막을 수 있다.

교통체증이 자주 빚어지는 셰이크 자예드 도로

대기업이 움직이려면 그만큼 많은 직원들이 움직여야 하기 때문이다. 아무리 세금이 없다고 하지만 직원들이 지내야 할 집값이 하루가 멀다 하고 올라간다면 부담을 느끼지 않을 기업은 없을 테니 말이다. 특히 개인 사업가라면 그 부담이 더욱 클 수밖에 없다. 투자해야 할 돈을 집을 얻는데 써버린다면 그 사업가는 두바이에서 성공하기 힘들어질 것이다.

게다가 두바이의 부동산 정책은 다른 나라와 달리 '선(先) 공급 후(後) 수요창출'이다. 계획을 잡아 공사부터 시작한 후에 살 사람을

두바이의 공사현장

모집하는 방식이다.

 지금까지 이 같은 방식은 큰 문제없이 성공했다. 삼성물산이 건설 중인 세계 최고층 빌딩 '버즈 두바이'를 비롯한 대부분의 고층 빌딩의 분양은 며칠 만에 끝났다. 문제는 이런 호황이 계속될 것이냐 하는 것인데, 조금씩 걱정할 만한 문제들이 보이기 시작하고 있다.

 가령 첫 번째 인공 섬 '팜 주메이라'는 바다에 흙을 쌓아서 만든 매립지반이 약하고, 하수 처리시설이 제대로 만들어지지 않았다는 지적이 흘러나오면서 분양을 취소한 사람도 나오고 있다.

두 번째 인공 섬인 팜 제벨알리와 세 번째 인공 섬인 팜 데이라는 규모가 워낙 커서 공사 진행이 처음 계획보다 늦어지고 있는 상태다.
거기에다 너무 많은 공사가 한꺼번에 이루어지고, 너무 많은 사람들이 몰려들면서 두바이는 시내 전체가 교통체증에 시달리고 있다. 빠른 성장에 따른 어쩌면 당연한 문제이겠지만, 생각해보라. 아무리 사업이 엄청나게 발전해도 교통체증이 심한 곳을 좋아할 사업가들은 없다.
길에서 낭비하는 시간이 많아 일을 못하게 된다면 경제 발전의 속도 역시 느려질 수밖에 없다.

두 번째 문제점은 두바이에 투자 되는 돈의 65%가 사우디아라비아, 쿠웨이트, 이란 등지에서 온 오일달러라는 점이다. 말 그대로 석유를 팔아 부자가 된 나라에서 그 석유를 판 돈을 투자하고 있다. 물론 갑자기 석유 값이 떨어지거나 하지는 않겠지만 너무 많은 돈이 한 곳에서 나오고 있기 때문에 중동 지역의 정세가 불안해지면 그 타격을 고스란히 두바이가 받을 수 있다는 불안감이 있다.

우리의 학교생활을 생각해 보자. 사이가 나쁜 A와 B라는 친구가 있다고 하자. A는 반 친구들과 고루 친하게 지내고 있고, B는 학교에서 가장 힘이 센 친구 C와 단짝이다. 평소에는 B가 학교생활 하기가 더욱 편할 것이다. 힘이 센 C가 전적으로 뒤를 밀어주니 잘난 척도 많이 할 것이고, 급식할 때 새치기를 할 수도 있었을 것이다.

하지만 만약 그렇게 믿었던 C가 결석이라도 한다면 어떻게 될까? 아니, 최악의 경우 전학이라도 간다면? 힘 센 친구만 믿고 다른 친구들과 사이가 좋지 않았던 B의 상황은 몹시 나빠질 것이 분명하다. 순식간에 학교 내에서 왕따가 되어 버릴지도 모른다. C만 믿고 다른 친구들과 친하게 지내지 않았기 때문에 학교생활 자체를 엉망으로 만든 셈이다.

반면에 A는 다르다. 한두 명의 친구가 결석, 혹은 전학을 가버린다 해도 다른 많은 친구들과 사이가 좋기 때문에 학교생활에 조금도 지장을 받지 않는다. A는 어떤 여건에서도 흔들리지 않게 폭넓은 인간관계를 유지하고 있는 덕분이다.

두바이의 문제점이 바로 여기에 있다. 너무 많은 투자금액이 중동이라는 한 곳에서 몰려와 있기 때문에 그곳의 분위기가 나빠지거나 형편이 어려워져 투자금을 빼가기라도 한다면 두바이 전체가 크게 흔들릴 수 있다. 아직은 성급한 걱정일 수도 있지만 그 문제가 현실로 나타나기 시작하면 이미 너무 늦는다. 그렇기 때문에 너무 앞서 나간다 싶은 이때에 두바이와 셰이크 모하메드는 이 문제의 해결 방안을 찾아놓아야 하는 것이 큰 숙제이다.

세 번째 문제점은 두바이의 지나친 내국인 보호이다. 두바이는 30만 명에 이르는 두바이 자기 나라의 국민, 바로 순수한 두바이 사람들을 철저하게 보호하고, 그들을 위한 정책을 펴고 있다. 한때는 그들의 유학비용까지 국가에서 대주었을 정도로 국민들 한 사람 한 사람에 대한 애정이 넘치고 있다.

이런 두바이 정부의 국민사랑이 문제가 되는 것은 바로 '스폰서 제도'라는 두바이만의 특별한 법률 때문이다. 외국인이 두바이에서 사업을 하려면 반드시 두바이 국민을 스폰서란 이름으로 사업에 참여시켜야 한다. 그 스폰서가 사업에 필요한 사람이 아니어도 어쩔 수 없다. 스폰서가 없으면 사업을 시작할 수 없기 때문에 일을 하지 않는다 해도 참여시켜야 한다.

더 큰 문제는 스폰서를 단지 사업에 참여시킨다는 사실보다 그들에게 지불해야 하는 스폰서 비용이 크다는 점이다. 4인 가족이 두바이에서 사업을 할 경우 1년에 3천만 원 가까운 돈을 스폰서에게 줘야 한다.

그가 아무 일도 하지 않았다 하더라도 이 스폰서 비용은 월급처럼 꼬박꼬박 주어야 한다. 이 때문에 외국인에게 스폰서 비용을 받아먹고 노는 현지인들이 늘어 간다고 한다.

세금이 없는 대신 그만큼 큰돈을 스폰서 비용으로 내야 한다면 외국인 입장에서는 오히려 더 불쾌한 일일 수도 있다.

이런 스폰서 비용 문제보다 더욱 심각한 것은 사업이 잘 안 되었을 경우이다. 만약 사업 실패로 인해 두바이 사람에게 손해를 끼치는 일이 발생하면 두바이 정부에서 주는 벌이 몹시 엄하다고 한다.

큰 벌을 받고, 두 번 다시 두바이에 발도 내딛지 못하는 지경에 빠질 수도 있다는 것이다. 내국인에게 손해를 끼치는 사람을 엄벌한다는 것이 어쩌면 당연한 일이겠지만, 사업이란 사람 뜻대로 되지 않을 때도 있는데, 너무 엄격하게 시행되는 제도이다 보니 사업가들이 위축될 수밖에 없다.

두바이 사람들로서는 큰 노력 없이 돈을 벌 수 있어 안정적이겠지만 외국인 사업가들에게 스폰서 제도는 여간 골칫거리가 아닐 수 없다. 두바이 정부에서는 세금을 안 받겠다고 약속해놓고 대신 두바이 국민 한 사람 한 사람에게 돈을 주라고 시키는 것과 다름없는 상황을 좋아할 외국 기업이 있을까?

최근 두바이 정부에서도 이런 문제점을 깨닫고, 스폰서 없이도 사업을 할 수 있는 인터넷 시티를 비롯한 자유무역지대를 많이 만들고 있지만, 모든 사업가가 그곳에서만 일할 수 없는 만큼 스폰서 제도에 대한 두바이 정부의 과감한 조치가 하루라도 빨리 이루어져야 한다.

국민을 사랑하고 보호하려는 의시가 상한 셰이크 모하메드의 뜻이 잘못되었다고 할 수는 없다. 하지만 사업을 위해 외국에서 들어온 사람들의 입장을 생각해주지 않는다면 막대한 스폰서 비용 때문에 쌓이는 사업가들의 불만이 언젠가 큰 문제를 일으킬지도 모른다는 우려를 무시해서는 안 될 것이다.

네 번째 문제는 외국인 근로자 문제이다. 온 나라가 공사장인 두바이에는 엄청나게 많은 수의 외국인 근로자들이 일하고 있다.

우리나라에도 언제부터인가 피부색과 생김새가 다른 외국인 근로자들을 거리에서 어렵지 않게 만날 수 있게 되었다. 이른바 3D 직종이라는 힘든 일에 우리보다 조금 못사는 나라의 사람들이 돈을 벌기 위해 와서 일을 하는 것이다.

처음에는 돈을 벌고자 하는 외국인과 우리나라 사람보다 적은 돈을 받고 열심히 일하는 외국인을 쓸 수 있는 사업가들 모두에게 좋은 일이었다.

하지만 시간이 갈수록 일부 나쁜 사람들의 임금 착취와 불법 체류 외국인들이 늘면서 점점 안 좋은 일이 생겨나기 시작했다.

지금도 우리나라에는 불법 체류하는 외국인과 그들을 추방하려는 정부, 비밀리에 일을 시키면서 그들에게 나쁜 짓을 일삼는 악덕 사업주들의 관계가 얽혀 나쁜 뉴스거리를 만들고 있다.

두바이에 들어와 있는 외국인 근로자들 역시 인도, 파키스탄, 방글라데시 등 가난한 나라에서 돈을 벌기 위해 온 노동자들이다. 이들은

두바이의 전통 쇼핑가

살인적인 날씨 속에 공사장에서 하루 종일 힘든 노동을 하지만, 월급은 고작 20~30만원을 받는다.

게다가 먼지 날리는 공사판에서 점심을 먹고, 에어컨도 없는 컨테이너에서 생활하는 사람들이 대부분이다.

이렇게 힘든 환경과 너무나 적은 월급은 노동자들을 더욱 힘들게 하고, 그것이 불만으로 쌓이게 된다. 그 불만이 폭발하는 것이 바로 파업과 데모이다.

두바이 건설 현장에서는 부당한 대우와 낮은 임금에 항의하는 데모가 매달 10여 건이 넘게 일어나고 있다. 하지만 두바이에서는 파업 자체가 불법이어서 데모를 한 노동자는 곧바로 추방된다고 한다.

추방은 파업과 데모는 해결해줄 수 있을지 모르지만 근본적인 해결책은 될 수 없다. 많은 대형 공사를 문제없이 진행시키려면 두바이에서 외국인 노동자는 없어서는 안 될 중요한 사람들이다.

근본문제를 해결하지 않고 추방만 한다면 결국 두바이에서 일할 노동자는 한 명도 남지 않을지 모른다.

셰이크 모하메드는 이제 두바이 자국민만을 보호할 것이 아니라 외국인 노동자들도 돌보고 감싸 안는 정책을 생각해야 할 때이다.

마지막으로, 두바이의 신화는 각종 이벤트를 통한 마케팅으로 지금껏 성공해 왔다. 그렇기 때문에 점점 더 자극적이고 쇼킹한 이벤트가 나와야 하는 커다란 과제가 앞을 막아서고 있다. 이것이 바로 두바이의 다섯 번째 문제점이자 가장 힘든 문제이기도 하다. 그동안의 이벤트들이 워낙 참신해서 시선을 끌어 모았기 때문에 더 멋진 아이디어가 나오지 않는다면 점점 힘들어질 것이 분명하다.

게다가 두바이 주변 국가들이 '두바이를 따라잡자' 라는 캠페인을 벌이며 두바이를 모델로 하는 개발에 열을 올리기 시작했다.

사우디아라비아 국왕은 셰이크 모하메드를 직접 만나 여러 가지

버즈 알 아랍 호텔

조언을 듣기도 했으며, 사우디아라비아에 초호화 사무주거단지를 짓겠다고 발표했다. 카타르는 두바이 공항 못지않은 새로운 공항을 건설하고 있고, 인공 섬도 만들고 있다. 또한 국제금융센터를 조성하며 두바이와 똑같이 외국인을 위한 정책을 펼치는 중이다.

이외에 바레인, 샤르자, 아부다비 등도 너나 할 것 없이 인공 섬을 만들고 있다. 자신들의 돈으로 두바이가 화려하게 발전하는 모습을 옆에서 구경만 하고 있을 수 없다는 뜻이다.

중동 지역에서 '유일한' 존재였기 때문에 돋보였던 두바이의 가치가 주변국들의 따라 하기 때문에 하락하고 있다. 두바이의 발걸음이 더욱 빨라져야 하는 이유이다.

두바이가 안고 있는 이 모든 문제들은 지금까지 승승장구해왔던 두바이의 발전에 큰 장애물이 될지도 모른다. 과연 셰이크 모하메드는 이 난관들을 어떻게 생각하고 있을까?

이 문제들로 셰이크 모하메드의 의지가 꺾이게 되지는 않을까? 두바이는 이쯤에서 멈추어 주저앉고 마는 것인가?

꿈은 꺾이지 않는다. 셰이크 모하메드

당신의 눈망울 속에 나를 담아 주세요

그 눈망울 속에서 살 수 있도록

어쩔 수 없더라도 그 눈 깜빡이지 마세요

당신에게 잡혀 있는 나를 떨어뜨리지 마세요

슬프더라도 눈물 흘리지 마세요

그 눈물이 홍수 되어 쏟아지면 나도 함께 쓸려가 버리니까요

이 시는 셰이크 모하메드가 쓴 '당신의 눈망울 속에 나를 담아 주세요' 란 제목의 시이다.

역동적인 스포츠인 승마를 즐기고, 두바이를 초고속으로 발전시키고 있는 강한 지도자의 감성이 이렇게 부드럽다는 것이 놀랍다. 한편으로는 그림 같은 호텔을 짓고, 동심이 어린 테마파크를 만들어낸 사람이라면 이런 감성이 있다는 것이 어쩌면 당연한 것일지도 모른다.
하지만 그의 시가 이렇게 마냥 감미롭고 부드럽기만 한 것은 아니다.

누구든 간구하는 자는 열심히 헌실할지라
영광은 오늘에 있나니
지난날의 영광은 잊어버려라
고난을 사랑하기에 어려움이 밀려올수록 난 의기양양하리라
고난은 나의 친구이기에 기꺼이 맞아들이리라

'도전'이란 제목의 이 시에서 알 수 있듯이 셰이크 모하메드는 의지가 강한 사람이다. 고난과 장애물을 만난다고 해서 돌아가거나 멈추지 않는다.
우리나라의 삼성경제연구소는 두바이 리더십의 비결을 분석하고 '미래를 내다보는 예측력' '불가능한 꿈을 실현 가능한 비전으로 제시하는 능력' '치밀한 단계별 마스터 플랜 작성' '신속한 의사결정' '반대를 돌파하는 강한 실천력'으로 꼽았다.

또한 세계의 전문가들 대다수가 당분간은 두바이의 승승장구가 계속되리라는데 표를 던지고 있다. 왜냐하면 두바이를 이끄는 셰이크 모하메드의 리더십이 워낙 파격적이고 기발한 데다, 실천력에 빠른 속도까지 갖추고 있어 얼마 동안은 그를 위협하는 적이 나타날 수 없으리라는 전망이다. 만일 두바이를 이끄는 셰이크 모하메드의 리더십이 없었다면 이미 두바이가 붕괴의 길을 걷고 있을지도 모른다고 지적하는 사람이 있을 정도이다.

우리도 이미 알고 있듯 셰이크 모하메드는 경마 매니아다. 여러 번 경마대회에 직접 출전해 상을 받기도 했고, 4000필의 말을 소유하고 있기도 하다. 그는 두바이에 세계적인 경마대회를 열고, 야간 경마를 두바이에서 가장 인기 있는 밤 문화로 만들어 놓았다.

경마를 비롯한 세계 스포츠 대회를 끊임없이 개최하며 이렇게 소리치고 있다.

"스포츠로 세계를 제패할 수 없다면 스포츠로 세계인을 끌어들이는 전략은 어떠한가?"

그렇다. 이것이 바로 셰이크 모하메드의 리더십이다. '사막의 땅에서 할 수 있는 스포츠는 많지 않다. 그러니 스포츠와는 상관없는 일만 하겠다'가 아니라 '사막에서 할 수 있는 스포츠는 많지 않다. 그러나 두바이에서는 그 모든 스포츠를 즐길 수 있다'라는 불가능을 가능으로 만드는 생각과 상상력, 그것이 오늘의 두바이를 만들었다.

팜 제벨알리의 모형도

이런 셰이크 모하메드가 조금씩 꿈틀대며 올라오고 있는 두바이의 문제점들에 당황하고 주저앉을 것이라 생각하는 사람은 없다. 그는 새로운 도전을 즐기며, 어쩌면 우리가 상상도 못할 기발한 방법으로 해결해낼지도 모른다. 그가 지금까지 보여준 놀라운 창의력들을 본다면 해결 방법 역시 놀라울 것이 분명하다.

사실 두바이 정부는 이미 여러 문제점들을 하나씩 해결해가고 있는 중이다. 교통난을 해소하기 위한 새로운 교통 체계를 만들고 있으

멀리선 본 버즈 알 아랍 호텔

며, 서민들을 위한 대규모 공동 주택사업도 벌이고 있다. 또한 외국인 근로자들을 위한 복지와 현실적인 임금 인상에 대한 논의도 진행되고 있다.

셰이크 모하메드는 무(無)에서 부(富)를 창출한 신화의 창조자다. 그에게는 아직까지 불가능이 없었으며, 지금 그에게 닥치고 있는 위기는 어쩌면 사소한 것일지도 모른다. 특히, 경제학적으로 보면 이미 두바이는 '본보기가 될 만한 경제'를 만들어 놓은 상태여서, 돈이 돈을 끌어 모으는 부익부 선순환 현상이 수년간은 자동적으로 지속되리라는 전망이 많다. 그 안정된 기간 동안 셰이크 모하메드는 급성장에 따른 부작용들을 해결해나갈 것이다. 많은 사람들이 그 성공을 믿어 의심치 않는다.

두바이처럼 생각하라

우리나라와
두바이가 함께 가야 할 길

제 7 장

9 우리가 배워야 할 두바이의 성공 전략

두바이와 우리나라는 닮은 점이 많다. 오랜 세월 강한 나라들에게 끊임없이 침략을 받았고, 침략자들에 의해 식민지가 되어 살아야 하던 비참한 기간도 있었다. 국토가 작고, 자원 역시 풍부하지 못해 자급자족은 꿈도 꾸지 못한다.

주변 강대국에 둘러싸여 힘을 떨치기 어려운 상황이다. 두바이가 일본의 양식 진주에 타격을 입은 것과 마찬가지로 우리나라도 발전 원동력이었던 섬유, 제조업 등 노동력을 필요로 하는 집약적 산업들이 중국의 값싼 노동력에 밀려 더 이상 수출 경쟁력이 없다. 이렇게 두 나라는 작고 특이할 사항이 거의 없는 약소국으로 보인다는 점에서 닮았다.

두바이가 우리나라보다 유리한 점은 적은 양이지만 석유가 나온다는 것과 강한 지도자를 두었다는 것뿐이다.

그에 비해 우리나라는 뚜렷한 4계절이 있어 사람이 살기에 좋은 환경이다. 농사를 짓기도 좋고, 4계절 관광 상품을 개발하기에도 좋다. 3면이 바다인 데다 동해, 서해, 남해 등 제각기 다양한 바다의 특징들을 지니고 있다.

아름다운 자연 환경과 역사의 유물들 역시 전국에 걸쳐 대부분 잘 보존되어 있다. 세계 제일의 기술력 또한 많이 보유한 지적인 나라이기도 하다.

하지만 우리나라에는 폭발적인 반응을 일으킬 상상력과 그것을 효과적이며 빠르게 진행시켜줄 강한 리더십이 없다. 그렇다고 해도 이렇게 비슷하지만 어찌 보면 환경적인 조건은 훨씬 유리한 우리나라가 두바이가 이룬 일을 해내지 못할 이유가 없다.

우리가 한다면 두바이보다 적은 투자로, 훨씬 큰 효과를 거둘 것이 분명하다. 그렇기 때문에 앞서 가고 있는 두바이를 배워야 하고, 두바이의 리더십을 배워야 한다.

그들을 알아야 그들을 따라 잡을 수 있고, 결국 이길 수 있다는 평범한 진리를 잊어서는 안 될 것이다.

두바이 프로젝트의 성공 요인

두바이의 처음 목표는 '중동의 싱가포르'였다. 지금, 두바이는 전 세계 항공사가 취항하는 항공 교통의 요지이며, 국제 유류 교역의 중심지가 되어 있다.

7개 토후국을 제치고 두바이가 그 중심이 된 것은 최대 규모의 항만을 건설하고, 엄청난 수의 비행기를 사들여 전 세계에 취항하는 발 빠른 행보로 다른 나라들이 미처 준비하기 전에 모든 준비를 끝내 놓은 예지력과 빠른 실천력 덕분이다.

또한, 석유에 의존하는 대신 세계 비즈니스맨들을 위한 최대한의 배려와 쇼핑, 관광 사업 등에 중심을 두고 비즈니스맨뿐 아니라 관광객들까지 끌어 모으며 중동의 경제 중심지로 우뚝 선 것이다.

이 모든 것은 독창적인 아이디어를 현실화시킨 강한 추진력과 살 사람을 기다렸다 건물을 짓는 것이 아닌 건물을 지어 놓고 살 사람을 찾는 역발상식 두바이 도시개발이 성공했기 때문이다.

해마다 줄어드는 석유량을 보며 한탄할 시간에 석유를 판 돈을 아낌없이 석유 외의 다각적인 산업구조를 만드는 데 썼다. 이 계획은 현재 아주 성공적이다.

두바이 경제의 석유 부문 기여도는 1990년 32.4%에서 2003년 4.4%로 감소했다. 이제는 석유가 고갈되어도 먹고 사는 데 지장이 없을 만큼 나라 경제를 일으켜 놓았다.

두바이의 금시장

이렇게 되기까지 두바이 정부와 셰이크 모하메드 지도자의 열정과 추진력은 눈이 부시도록 빛났다. 외국의 자본을 들여오기 위해 많은 어려운 조건과 불편을 줄여 주었고, 관광객들의 편의와 흥미유발을 위해 아낌없이 돈을 쏟아 부었다.

두바이 정부가 관광 사업에 쏟아 부운 돈은 전체 사회개발 비용의 16%가 넘는 액수이다. 이것은 다른 나라들의 개발비용인 평균 8%의 두 배가 넘는다.

단지 돈만 많이 쓴다고 효과가 큰 것은 아니다. 이제 두바이가 이렇게 성공할 수 있었던 요인들을 하나씩 살펴보기로 하자.

1. 독창적 아이디어와 역발상의 도시개발

두바이는 뜨거운 태양, 메마른 사막으로 이루어진 나라이다. 세계의 험한 곳을 찾아다니기 좋아하는 탐험가가 아닌 이상 별로 가보고 싶지 않은 자연 환경을 가진 나라가 분명하다.

이런 열악한 자연 환경만을 가지고 두바이는 지금 세계인들이 꼭 가보고 싶은 관광 대국으로서 이름을 떨치고 있다. 이것이 바로 최악의 환경을 반대로 훌륭한 환경으로 인식할 수 있는 역발상의 창의력이다.

한 예로, 에미레이트 몰의 스키 두바이는 창 밖이 이글거리는 태양 아래의 사막이 아니라면 별로 매력이 없을 장소이다. 생각해 보라.

실내스키장인 스키 두바이 모습

우리가 추운 겨울에 스키장에 놀러가는 것이 별 자랑거리가 되지 않는 것과 같다. 한여름에 창 밖에는 더워서 아이스크림을 들고도 헉헉대는 사람들을 보며 스키를 타는 것만큼 매력적인 일이 있을까? 스키 두바이는 바로 그런 점을 노렸다.

우리가 더운 두바이에 관광을 가서 겨울이면 편하게 탈 수 있는 스키장에 꼭 가보려고 하는 것도 창 밖의 너무나 다른 세상을 보고 싶기 때문이다.

두바이는 관광객들이 자연 환경이나 유적지만을 보기 위해 여행을 다니지 않는다는 점을 이용했다. 여성들에게 있어 쇼핑은 절대적인 매력이다.

　홍콩이 쇼핑 천국이라는 이유 하나만으로 관광객을 끌어 모았듯이, 두바이 역시 더운 날씨에 힘들게 다니지 않아도 세계 최고의 상품들을 아주 싸게 살 수 있는 쇼핑 천국을 차려 놓고 관광객들을 유혹한다. 매력적이지 않을 수 없다.

　최고급 휴양시설, 세계적인 쇼핑 축제, 호화로운 호텔 등 세계의 부자들이 시간이 날 때마다 들러도 후회하지 않을 모든 조건을 두바이는 완벽하게 갖추고 있다.

　이런 조건들을 갖추는 동안 다양한 아이디어를 동원한 역발상식 도시개발도 이루어졌다. 상상력이 결집된 아름다운 건물을 짓고, 관광을 위해 찾아온 사람들을 유혹해 팔아치운 것이다. 이것이 바로 두바이식 선(先) 공급 후(後) 수요창출 도시개발 방법이다.

　살 사람들을 모집한 후에 건물을 짓는 것은 너무 늦다. 적어도 두바이에서는 그렇다. 부자들은 살기 위해 집을 사지 않는다. 휴식을 위해, 편리한 관광을 위해 세계 여러 나라에 집을 사둔다.

　이런 부자들을 잡으려면 독창적이고 아름다운 집을 먼저 보여줘야 한다. 이미 그 집을 짓고 있음을 보여줘야 한다. 그러기 위해 먼저 공급이 필요하다. 두바이는 자기 나라만의 독특한 부동산 정책을 만들어 냈고, 성공하고 있는 것이다.

2. 해외 자본 유치를 위한 정부의 노력

두바이는 외국인의 적극적인 투자를 이끌어내기 위해 두바이가 할 수 있는 모든 좋은 조건을 제공하고 있다. 외국의 부자들이 돈을 투자하는 것은 그 나라 경제를 살리는 데 커다란 힘이 되기 때문이다.

하지만 외국인 투자자들은 아무 이유 없이 돈을 내놓지 않는다. 아니, 오히려 까다롭게 비교하고, 조금이라도 마음이 틀어지면 자신이 투자했던 돈을 모두 거두어 떠나버리는 것이 그들이다.

투자자들을 끌어들이는 것도 중요하지만 그들이 떠나지 않게 관리하는 것은 더욱 중요하다. 투자한 외국인만 믿고 커다란 사업을 벌이다가 갑작스레 그들이 돈을 회수해 떠나버렸다고 생각해 보자. 사업이 망하는 것은 물론이고, 두바이 정부 전체에도 영향이 미칠 것은 분명한 일이다.

그렇기 때문에 정부는 외국인들이 떠나지 않고 지속적이며 안정적으로 투자할 수 있는 환경을 만들어줘야 한다. 그것이 정부가 할 수 있는 최선의 일이다. 두바이 정부는 이를 위해 할 수 있는 모든 정책을 다 하고 있다.

"기업에게 좋은 것이 두바이에게 좋은 것이며, 두바이에서는 실패를 제외한 모든 것이 가능하다."

셰이크 모하메드가 한 이 말은, 두바이 당국이 외국 투자자들에게 임하는 자세이기도 하다.

두바이는 개인 및 기업 투자자들에게 세금을 면제해주고, 규제나 제한 등은 되도록 적게 했다. 그들의 투자를 적극적으로 이끌어내기 위해 땅을 공짜로 내어주기도 한다.

또한 외국 투자자들이 두바이에서 생활하는데 불편함이 없도록 생활환경을 고치는데 온 힘을 기울였고, 외국인 학교와 의료 시설을 제공하기 위해 노력 중이다. 셰이크 모하메드의 말처럼 그들을 위하는 것이 곧 두바이를 위한 것임을 잘 알기 때문이다.

3. 국제 관광도시 건설과 서비스 전략

두바이는 현재 전 세계 관광객과 140개 이상 다국적 이주민이 모여드는 대표적인 국제도시로 성장했다. 세계의 부자들이 몰려들고, 출입이 비교적 자유로운 두바이에 나쁜 사람들이 들어오지 않을 리 없다. 사람이 많고, 돈이 많으면 도둑들도 많아지게 마련이다.

하지만 안심하시라. 두바이는 관광객들에게 어떤 불상사도 일어나지 않도록 하기 위해 철저한 치안에 힘쓰고 있다.

아무리 부자들이 많이 찾는다고 해도 지갑을 열 때마다 주변을 살피고, 사람들이 옆을 지나갈 때마다 귀금속을 산 가방을 끌어안고 무서워해야 한다면 다시는 그곳에 가서 쇼핑하고 싶지 않은 법이다.

그래서 두바이 당국은 관광객들이 안심하고 돈을 쓸 수 있도록 나라 안이 평안한 상태가 되도록 많은 노력을 지속적으로 기울이고 있다. 그 결과 두바이는 여성 혼자 밤 시간에 다녀도 안심할 수 있는 안전한 도시 중 하나가 되었다. 또한 이들 여성들이 더 많은 물건을 구입하게 하기 위해 관세를 면제해주다보니 다른 나라의 명품들이 오히려 두바이에서는 더 싸게 팔리기도 한다.

이런 두바이의 세심한 배려는 기업들에게도 적용되어 항구를 통해 들어오는 물류들을 보관하는 자유무역지대를 설치해 놓고 관세를 면제해주고 있다.

어떤 물건이든 한 나라에 들어갔다 나오려면 관세라는 세금을 내야 하는데, 두바이에서는 단지 보관료 외에는 받지 않는다. 이왕 거래를 할 거라면 두바이에서 하는 것이 사업가들에게는 큰 이익이 된다. 이런 특혜로 인해 두바이의 항만에는 언제나 세계 각지에서 몰려드는 물류들로 가득 차 있다.

또한, 관광객들이 두바이를 드나들 때 조금도 불편함이 없도록 전 세계에 직항로를 연결했고, 두바이 국제공항 입국 내 소요되는 시간은 평균 6분 정도밖에 걸리지 않는다고 한다. 한번이라도 해외여행을 해본 사람이라면 이 시간이 얼마나 짧은지 알 수 있을 것이다.

두바이 화폐에 새겨져 있는 두바이 골프장 모습

한국을 포함한 35개 나라가 두바이에 입국할 때 비자를 받을 필요가 없는 비자 면제국이다.

또한 관광 산업 종사자들의 유창한 언어 소통능력으로 전 세계 관광객들은 두바이에서 쇼핑할 때 불편함을 느끼지 못한다. 더 많은 세계인들이 두바이로 몰려드는 데는 이런 두바이 정부의 노력이 있었기 때문이다.

4. 세계적인 홍보 마케팅 전략

'세계 최초, 최대, 최고'라는 타이틀을 내걸고 진행되는 두바이의 홍보 전략은 규모가 크고 공격적이기로 유명하다. 세계 최초의 7성 호텔 버즈 알 아랍과 세계 8대 불가사의에 올라간 팜 아일랜드 등이 공격적 마케팅의 성과로 단기간에 세계의 명소로 자리매김하는데 성공했다.

여기에 해외 유명 스타들을 동원한 각종 이벤트 및 대규모 국제행사를 끊임없이 개최해 세계인들의 시선이 잠시도 다른 곳으로 향하지 못하도록 붙잡아 놓고 있다.

두바이의 상징이 된 버즈 알 아랍 호텔의 헬리포트에 골프 선수 타이거 우스를 초청해 설프 만을 향한 환상적인 드라이브 샷을 연출한 것은 유명한 일화다.

그 밖에도 세계 정상급 선수들을 초청한 '두바이 데저트 클래식

(골프)', '두바이 월드컵(경마)', '두바이 듀티 프리 테니스 토너먼트', 'A1 그랑프리 두바이'와 '두바이 인터내셔널 랠리(자동차 경주)' 등을 개최하며 일 년 내내 두바이 전체를 축제와 이벤트의 나라로 만들고 있다.

두바이는 여기에 그치지 않고 영국 옥스퍼드대 출신 전문가 2,000명으로 구성된 셰이크 모하메드의 싱크탱크를 활용해 지속적인 관광개발 아이디어를 만들어 내고, 효과적인 마케팅을 위해 밤낮없이 연구하고 있다.

5. 정부의 지속적인 프로젝트 지원과 리더십

두바이는 문제점 중 하나로 지적되고 있는 교통난 해소를 위한 새로운 작업에 돌입했다. 경전철을 만들고, 혁신적인 버스 시스템을 도입해 물가가 비교적 저렴한 인접 도시에 살면서 두바이로 출퇴근하는 노동자들이 시달리고 있는 살인적인 교통 체증을 줄이기 위해 노력하고 있다. 또, 엄청나게 치솟은 주택 가격으로 생활이 불안정한 저소득층 서민들을 위해 많은 수의 주택 공급도 추진하고 있다.

지금까지 두바이는 호화주택 건설을 주로 해서 저소득층 주민들이 살 집이 심각하게 부족한 형편이었다. 그래서 두바이 정부는 주메이라 비치 등에 서민들을 위한 대규모 빌라와 아파트 등을 지어 집값 안정을 위해 대책과 방법을 세우고 있다.

또한 부족한 인력문제를 해결하기 위해서는 외국인 노동자들을 적극 받아들여야 하는 두바이의 현실을 충분히 고려하여 더 나은 노동 환경을 만들기 위해서도 노력하고 있다.

그 예로 7~8월에는 낮 시간 동안 그늘 없는 곳에서 일하는 것을 금지하는 노동자권익 보호조항을 만들고, 임금 역시 현실적으로 높여 줄 것을 검토하면서, 그들의 중요한 노동력인 외국인 노동자들이 두바이에 등을 돌리지 않도록 하기 위해 세심한 관심을 쏟고 있다.

두바이가 눈부신 성장을 하고 있는 것은 사실이다. 또한 그들이 너무 빠른 성장만을 추구하느라 부작용이 있는 것도 사실이다. 하지만 두바이는 빠른 성장을 이끌어낸 추진력과 리더십으로, 그 부작용 또한 빠르게 치유되고 있다.

우리는 두바이의 노력과 성과를 배워야 하고, 그 부작용들을 보며 더 신중해야 한다. 우리보다 앞선 두바이를 따라 잡으려면 그들보다 더 노력해야 하고, 더 빨라야 할 것이다.

두바이에 있는 한 명의 위대한 지도자를 부러워하기보다는 우리들 스스로, 개개인이 위대한 지도자가 되기 위해 노력한다면 두바이의 꿈이 우리나라에서 더 큰 빛을 낼 것이라 확신한다.

❷ 두바이를 누비는 자랑스런 한국 기업들

두바이에서 가장 교통량이 많다는 '알 막툼 다리' 입구에 이르면 큼지막한 LG전자의 대형 광고판이 보인다. 곧이어 도로 양쪽으로 촘촘하게 늘어선 삼성전자의 휴대폰 깃대 광고가 운전자들의 눈길을 사로잡는다.

실제 삼성전자 휴대폰은 셰이크 모하메드 지도자가 직접 칭찬한 최고의 고급 브랜드로, 왕족과 부유층의 귀와 입을 사로잡고 있다. 삼성전자는 이곳에서 '호감도 톱 3 기업'에 올라 있고, 프로젝션 TV, LCD-TV, LCD 모니터 등에서 시장 1위를 달리고 있다.

세계 최고 7성급 호텔이라는 '버즈 알 아랍'에 들어서면 사방에 걸린 LG전자의 LCD - TV를 보게 된다. LG전자는 이 호텔 침실에 32인치 LCD TV 182대를 공급했고, 거실용(42인치), 욕실용(20인치) 등 모두 700대의 TV를 추가 공급하기로 했다.

화려한 로비에는 71인치 금장(金裝) PDP(벽걸이) TV 1대도 설치했다. 이 호텔의 엘리베이터와 기둥, 벽 등이 순금이거나 금빛 마감재를 사용했기에 금장 TV가 잘 어울

알 막툼 다리에 있는 삼성전자 휴대폰 광고판

린다는 평이다. 세계인들이 극찬하는 아름다운 호텔의 얼굴이라고 할 수 있는 로비에 우리나라 기업이 만든 TV가 벽면을 차지하고 있다는 사실은 우리들 모두 사랑스러워 할 일이다.

부자 나라 두바이에서도 한국산 양문형 냉장고는 부(富)의 상징으로 통한다. 다만 우리나라 전자업체는 이미 예전부터 단단한 영역을

삼성 주최로 열린 두바이 마라톤 대회

지켜오던 일본 업체와의 경쟁이 갈수록 치열해지는 데다, 최근에는 중국산 저가 가전제품이 들어오고 있어 바짝 긴장하고 있다.

현대자동차도 두바이에 지역본부를 두고 직원을 파견했다. "두바이는 '중동의 홍콩' 이라 불리는 시장이며, 대부분 건물이나 거리가 세계적인 상업 광고에 자주 등장하기 때문에 이곳에서는 홍보와 광고가 특별히 중요한 의미를 갖는다" 며 중동시장의 교두보로서 두바이의 중요성을 강조하고 있다.

이렇듯 우리나라의 자랑스러운 기업들이 두바이에 진출하고, 좋은 평을 받으면서 한국에 대한 대접도 크게 달라지고 있다. 2006년 5월

두바이에서 열린 LG전자의 PDP TV 마케팅 행사

노무현 대통령이 UAE를 방문하던 날, 두바이의 영자신문 '걸프 투데이'는 이를 1면 톱기사에 보도하기도 했다.

석유 수출문제, 그리고 한국 상품 수입문제 등을 논의했다는 내용이다. 그만큼 우리나라 기업의 제품과 서비스에 대한 신뢰도가 현지에서 높아지고 있다는 증거일 것이다.

특히 두바이 사람들에게 인상적인 것은 현재 건설 중인 세계 최고층 빌딩인 '버즈 두바이'를 한국 업체가 짓고 있다는 사실이다. 공사비가 8억7,600만 달러인 버즈 두바이 공사는 낮에는 보통 기온이 40℃가 넘어 주로 야간에 불을 환하게 켜놓고 공사를 한다.

건설과 플랜트 분야는 전통적으로 한국이 강하다. 세계 최대 규모의 담수(淡水)시설인 푸자이라 담수 플랜트는 물론, 두바이의 에미레이트 타워 호텔과 그랜드 하야트 호텔 등 주요 호텔을 모두 우리나라 업체가 지었다.

과거 1970~80년대, 우리나라의 많은 노동자들은 중동 지역에 나가 건설 현장에서 벌어들인 돈으로 나라를 일으켜 세우는 데 많은 공헌을 했었다. 이제 제법 잘 사는 나라의 기업 규모로 중동에 나가 그때와는 비교도 할 수 없을 만큼 더 많은 돈을 벌어들이고 있는 것이다.

두바이 남서쪽, 거대한 자유지역이 있는 제벨알리의 현대건설 'L-2 복합 화력발전소' 공사현장. 2008년 공사가 끝나면 1,200메가와트 규모의 발전 및 담수 설비가 완성된다. 두바이 인구 80만 명이 사용할 수 있는 전력과 물이 공급될 것이다.

이렇게 전통의 현대건설을 선두로 해서 '제2의 중동 붐'을 만들기 위한 한국 기업의 플랜트, 건설 수주작전이 본격화되고 있다.

2006년 5월 KOTRA 두바이무역관에서 '중동 아프리카 플랜트·건설 수주 지원센터'가 오픈된 것은 바로 이 목적 때문이다. 그동안은 두바이 현지에서 한국 기업끼리 경쟁하다보니 서로에게 피해를 줄 수밖에 없었다. 중소 건설업체는 빠른 정보를 얻지 못해 중동에 진출

현대건설의 제벨알리 발전소 건설 현장

할 기회조차도 잡기 힘들었다.

이런 문제를 해결하기 위해 생긴 것이 이 수주지원센터이다. 과거처럼 많은 공사를 따내는데 주력할 것이 아니라 이제는 같은 일을 하더라도 좀 더 많은 돈을 벌 수 있는 공사를 골라 해야 한다. 우리나라의 기술은 이미 검증이 되었으니 이제 남은 것은 그들과 노련하게 협상을 벌일 수 있는 비스니스 기술이다.

중동지역 전체 석유매장량의 90%를 차지하면서 최근 계속 값이 오르는 석유로 돈이 넘치는 걸프 연안 8개국의 돈을 벌어들이기 위

쌍용건설이 지은 에미레이트 타워

해 우리나라의 대기업과 중소기업들이 두바이 수주지원센터를 중심으로 총력을 기울인 비즈니스를 펴고 있다.

그런가 하면 국내 기업의 두바이 배우기 열풍이 계속되면서, CJ그룹은 경영진이 대거 두바이로 날아가 직접 보고 배우는 시간을 가졌다. 이재현 회장을 비롯한 경영진 40여 명은 2006년 5월 두바이에서 현장 공부를 했다.

CJ관계자는 "사막의 불모지에서 중동의 뉴욕으로 거듭나고 있는 두바이에서 CJ의 혁신방향과 글로벌 사업의 밑그림을 그리기 위해 갔다"면서 "우리도 과거의 성장방식에만 의존하지 말고 셰이크 모하메드 지도자가 그랬듯 사고의 전환과 혁신을 통해 새로운 성장 동력을 찾아야 한다"고 말했다. CJ뿐 아니라 우리 모두가 새겨듣고 실천해야 할 말이다.

셰이크 모하메드에게 배우는 창의적인 리더십 10계명

　이제 숨 가쁘게 알아봤던 두바이의 발전상과 셰이크 모하메드 지도자의 리더십에 대한 이야기를 마치며, 마지막으로 다시 한 번 셰이크 모하메드의 창의적인 리더십 특징 10가지를 되짚어 보기로 하자.

　차근차근 읽어가며 되새겨보면 그의 리더십에서 우리가 배워야 할 것과 우리의 생활에서 응용할 수 있는 것들이 보일 것이다. 아주 작은 것에서부터 그의 리더십을 응용해나가다 보면 나의 미래와 우리나라의 미래가 더 크게 발전할 수 있을 것이다.

1. 불가능이란 단어는 사전에 없다

척박한 자연환경만을 가진 사막지대의 작은 어촌. 가진 것도 없고 희망도 없었던 두바이를 세계 최고의 관광지로, 세계 최고의 물류 기지로 만든 것은 불가능은 없다는 도전 정신과 무한한 상상력을 바탕으로 한 창의력이 있었기에 가능했다. 기발하고 멋진 창의력을 발휘한다 해도 할 수 없을지도 모른다는 생각과 나는 할 수 없다는 패배자적인 생각으로는 절대 더 큰 발전을 이룰 수 없다는 것을 명심해야 한다.

2. 부정적인 말을 하지 않는다

말은 하는 순간 다른 사람과 나의 귀에 동시에 들리며 그 이야기가 마치 사실인 것 같은 느낌을 주게 된다. "나는 안 돼, 나는 할 수 없어"라는 부정적인 말은 나 자신을 위축시키고, 남들로 하여금 나를 무시하게 만드는 핑계를 주게 된다. 또한 "그럴 수도 있지 뭐~", "좀 하면 어때~?" 식의 비아냥거리는 말투는 상대방으로 하여금 불쾌감을 주고, 나에 대한 신용도 떨어지게 만든다.

다른 사람을 탓하거나 편을 가르는 말은 더더욱 하지 말아야 한다. 내 의견은 명확하고 또렷하게 말하되 강요하거나 상대를 불쾌하게 만들어서는 안 된다.

모든 인간관계는 말로써 이어지고, 인간관계야말로 내가 살아가는

두바이 버즈 알 아랍 호텔의 야경

인생에 가장 큰 재산이자 힘이 되기 때문이다.

3. 시인의 마음으로 국가를 경영한다

셰이크 모하메드는 바쁜 생활 틈틈이 시를 쓰면서 마음을 다스리고 갈고 닦았다. 그의 한계가 없는 상상력과 창의력은 이런 감수성에서 나온 것이다. 문학과 아름다움에 대한 감성과 이해력이 있어야 아름답고 합리적인 생각이 나온다.

문학과 예술은 우리의 상상력을 키우는 데 많은 도움을 준다. 그 상상력이 바로 창의력의 든든한 밑거름이 되어주는 것이다. 합리적이고 뛰어난 창의력을 발휘하는 리더야말로 가장 이상적인 리더일 것이다. 강한 리더십은 단지 강한 성격에서 나오는 것이 아니라 부드럽지만 강렬하고, 단호하지만 기분 좋은 표현으로 완성되는 것이다.

4. 최고의 브레인들로부터 아이디어를 모은다

셰이크 모하메드에게는 2,000명으로 이루어진 세계 최고의 두뇌집단이 있다. 그는 남의 두뇌를 빌리는데 전혀 망설임이 없다. 남에게 배운다는 것은 절대 부끄러운 일이 아니다.

한 사람이 배울 수 있는 지식에는 한계가 있다. 내가 모르는 분야에 대해 물어보는 것을 부끄러워하고 혼자 해결하려 한다면 그는 절대 성공할 수 없고, 최고의 리더가 될 수 없다.

내가 모르는 것에 대해 솔직히 인정하라. 배우고 습득할 수 있다면 최대한 공부하고, 도움을 받아야 할 상황이라면 당당히 그들의 지식을 요구하라. 그것이 내가 최고가 되고, 창의적으로 발전해 나가는 원동력이 될 것이다.

5. 환경에 맞추어 목표를 세우지 말고 목표를 설정한 뒤 환경을 바꾼다

두바이에 펼쳐지고 있는 모든 꿈들은 바로 이런 자세에서 시작됐다. 버즈 알 아랍, 스키 두바이, 골프장, 버즈 두바이, 팜 아일랜드 등 수없이 열거되는 이 모든 것들은 단 하나도 환경을 보고 생각해낼 수 있는 것이 아니다. 한정된 현실은 창의력을 막아서는 가장 큰 장애물이 된다. 창의력이 우선 되고, 그 환경을 극복한 것이 셰이크 모하메드의 리더십이 위대하게 평가받는 이유인 것이다

우리는 평소 사소한 일들에 주변 환경 탓을 많이 하고 산다. 누구누구 때문에, 우리 집 환경이 나빠서, 혹은 우리 부모님은, 같은 말로 자신의 부족함을 변명하려고 한다.

셰이크 모하메드가 '두바이는 환경이 나빠서 아무것도 할 수가 없어'라고 말했다면 어땠을까? 그 결과와 내가 오늘 변명하고 있는 모습을 함께 떠올리며 생각해보기로 하자.

버즈 알 아랍 호텔 입구에 걸려 있는 두바이 지도자들의 초상화. 맨 오른쪽이 셰이크 모하메드 지도자다

6.역발상을 높이 평가한다

 창의력을 발휘하는 데는 한계가 있어서는 안 된다. 세이크 모하메드는 아이디어와 발상에 차별을 두지 않는 열린 사고를 한다. '왜?'를 여러 번 반복하면서 사물과 현상의 본질을 파악하려 한다.

 사막에 왜 스키장은 불가능한가? 라는 질문을 여러 번 던져 결국 이를 극복해낸 것이다. 열린 사고가 불가능한 많은 것을 가능한 것으로 볼 수 있는 눈을 갖게 해준다. 그의 창의력에는 활짝 열린 마음과 모든 것을 거꾸로 생각하고 읽을 수 있는 눈이 있다. 그 결과물로 보여지는 것들이 바로 우리가 지금까지 보고 배웠던 '두바이의 꿈'들이다.

7.주변 강대국을 최대한 활용한다

 두바이는 아랍 국가이면서도 철저하게 친 영국, 친 미국 정책을 실시하고 있다. 물론 사우디아라비아나 이란과도 친분을 유지한다. 세이크 모하메드는 주변 강대국과 과도할 정도로 친하게 지내는 것을 부담스러워 하지 않는다. 자존심이란 그럴 때 사용하는 단어가 아니라고 당당히 말한다.

 사람이든 국가든 때에 따라 자존심을 굽혀야 하는 상황이 종종 발생하게 된다. 단지 자존심만을 지키기 위해 무모한 분쟁을 일으킨다면 개인에게도 큰 손해가 따르겠지만, 국가는 그 존재 자체가 위험해

질 수도 있다.

한 나라의 지도자가 단지 자존심만을 앞세우는 정책을 편다면 그 국가는 발전은커녕 주변국들에 의해 멸망의 길로 빠져들게 될 것이다. 미래를 생각하고 행동하는 것, 그것이야말로 자존심을 지키는 가장 좋은 태도라고 할 수 있다.

8.자국민에게 실질적으로 유익한 정책을 강구한다

외국인 투자 천국을 만들면서도 내부적으로는 스폰서 제도 등을 통해 수가 적은 자국민의 이익을 철저하게 챙겨준다.

셰이크 모하메드는 무작정 외국인 투자유치만 하는 게 아니라, 그에 비례하여 치밀한 자국민 보호 정책을 세웠다. 이것이 바로 '나'와 함께 '우리'를 생각하는 넓은 마음이다.

셰이크 모하메드가 단지 나라의 발전과 자신의 이익만을 생각했다면 굳이 스폰서 제도를 두어 외국인 투자자들을 위축시키는 일은 하지 않았을 것이다.

그랬다면 더 많은 자본이 두바이에 들어올 테고, 두바이는 더 큰 부자가 될 수도 있었다. 그러나 그렇게 되면 부자는 더욱 부자가 되고, 가난한 사람은 더욱 가난해지는 사태가 벌어진다.

셰이크 모하메드는 그런 빈부의 격차가 두바이 사람들에게 일어나는 일을 막기 위해 개개인의 이익을 보장해줄 수 있는 스폰서 제도를 만들어냈다. 훌륭한 리더는 '나' 만 생각하는 이기적인 마음을 버리고 모두를 수용하는 넓은 마음을 가진 사람이다.

9. 전광석화처럼 강력하게 실천한다

셰이크 모하메드는 토론하고 회의하는데 시간을 허비하지 않는다. 물론 충분한 토론과 연구는 하지만 그 결정된 사항에 대해 의문을 갖고 반복해서 토론하는 낭비를 하지 않는다.

충분히 생각해서 내린 결론은 가능한 빨리 실천에 옮긴다. 구체적인 실행이 따르지 않고 책상에 앉아 말만 한다면 아무것도 해내지 못한 채, 그저 일어날 수 있는 모든 나쁜 일들만 늘어놓게 될 것이다.

10. 미래의 비전을 제시한다

지도자의 가장 중요한 역할이다. 셰이크 모하메드는 자신만을 위해 창의력을 발휘하는 것이 아니다. 국민들에게 꿈을 던져주고 자신이 그 실천을 위해 구체적인 행동을 보여준다. 그냥 입으로 하는 비전이 아니라 행동으로 희망의 미래를 보여주는 것이다. 한번 성공을 이룰 때마다 그를 따르는 국민들의 희망도 커지게 마련이다.

내가 꿈꾸는 것이 성공할 것이란 확신을 나를 이끄는 지도자에게서 얻게 된다면 그들은 그 지도자와 미래의 희망을 하나로 묶어 생각하며 존경하게 되는 것이다.

두바이처럼 생각하라

초판 1쇄 인쇄   2006년 12월 7일
초판 1쇄 발행   2006년 12월 11일

원 작   최홍섭
글쓴이   이수겸
펴낸이   박영발
펴낸곳   W 미디어
디자인   이정애
등 록   제2005-000030호

주 소   서울 양천구 목동 907 현대월드타워 1905호
전 화   6678-0708
팩 스   6678-0309

ISBN 89-91761-08-9
값 10,000원

*사진자료를 제공해주신 에미레이트항공에 감사드립니다.